まちづくりブックレット3

横浜の市民活動と地域自治

石井 大一朗 編著
吉原明香・山田美智子・澤岡詩野・渕元初姫

東信堂

「まちづくりブックレット」を手にみんなで考えよう

地域コミュニティとコミュニティ政策について、市民たちが自分ごととして考えていける素材を提供することを目指して、このブックレットシリーズを刊行します。

コミュニティ政策学会は、すでに2013年から『コミュニティ政策叢書』を、東信堂のご助力を得て、刊行してきていますが、さらに裾野を広げて、一般の読者にも読みやすく分かりやすいブックレットを考えました。地域住民組織、地域まちづくり、地域福祉、地域民主主義、地域分権、地域のつながりなどなど、地域のことを考える共通の言論の場をつくりたいとの思いから、企画しています。

この小さな冊子を手にとって、ともに考えてみませんか。

2020年1月

コミュニティ政策学会

はじめに

二〇二〇年四月一六日、全国にコロナ禍による緊急事態宣言が発令された。いま、この「はじめに」を書いているのは五波が過ぎた二〇二一年一一月である。これほどまでに長い期間、市民活動や地域活動が苦しめられたことは、戦後、無かったのではないか。一九九五年の阪神淡路大震災においてボランティア元年という言葉が生まれ、二〇数年の間に力をつけてきた市民活動は、コロナ禍により急速に力を落としてしまったのだろうか。いや、そうではない、むしろバージョンアップする機会を得たのだと筆者は捉えている。これまでの歩み、そして、そこで作り出してきた価値と徹底的に向き合う機会を得たからである。本書は、一九九〇年代以降の横浜の市民活動とそれによる地域自治の発展を理解しやすくするモデル的な四つの事例を紹介している。これらの事例にふれることで、これまでに培ってきた市民活動の真の力とは何だったのか、アフターコロナの時代の新しい市民活動を創造していくために私たちが大切にしていくことは何かを知ることができよう。

横浜はコミュニティ政策後発自治体である。他方、市民活動や協働においては、先駆的な取組をしていると言われる。例えば、協働の原則や協働の方法を基本指針(「横浜コード」)として示したのは全国初の試みであった。市域で一律の地域自治の仕組みを持たない横浜は、一九六〇年代の人口爆発以降、どのように地域自治を進めてきたのだろうか。著者は、現在の横浜の地域自治を語る際に、一九九〇年代以降の、市民と行政や市民同士の協働において、これらの主体同士のつなぎ役を果たしたり、萌芽的な活動を支えたりした中間支援組織の存在が重要だったと考えている。言い換えれば、多彩な中間支援組織の誕生と成長が暮らしを豊かにしてきたと言えよう。これはアフターコロナの時代にあっても変わることはないだろう。四つの事例を通して、私たちの暮らしを豊かにする中間支援組織は、どのように誕生し、機能を高めてきたのかを把握するとともに、中間支援組織が現在直面する課題と未来を「トライセクター構想」「サードパーティ」などの新たな観点から確認し、中間支援組織が育む地域自治の将来を展望する。

市民活動は、一部市民の特権化した活動になっていると揶揄されることが少なくない。コロナ禍をチャンスと捉え、活動の意義を問い、慣習化された活動を見直しつつ、一部の人ではない誰もが参加しやすい環境づくりを今こそ進める必要がある。二〇二一年が、市民活動や地域自治の参加の裾野を広げる元年であってほしい。

本書が、今後のコミュニティ政策を検討する際の一助となれば幸いである。

石井　大一朗

目次／横浜の市民活動と地域自治

序論　「中間支援組織化する市民活動」が担う地域自治

宇都宮大学准教授　石井大一朗

序論では、高度経済成長期以降の横浜の市民活動を、施策との関係や中間支援組織化という観点から概括し、本論で紹介する四つの事例につなげたい。扱う内容については、私自身の横浜における一〇数年の中間支援ＮＰＯの経営と事務局経験に基づく仮説的なものを含んでいるのでご了解いただきたい。

中間支援組織は、市民同士の対話や協働を助ける。それが意味するものは、市民自らが自らのニーズや発揮できる力に気づくことであり、そしてそれは、市民が地域社会の中で役割を発揮し、その地域で暮らす喜びにつながるということである。中間支援組織が多彩にあることで、豊かな地域社会をつくることができる。

1　郊外の暮らしと担い手

自らのまちは自らよくしたい。そんな思いを持つ人たちがいた一九六〇年代から七〇年代の横浜の郊外の様子を見てみよう。

新しい家族、新しい住まい、新しい土地、まだ輪郭の無い横浜に夢を持つ人が大勢移り住んだ。暮らしに必要なものは近くに無かった。お店がない。保育園が無い。公共交通機関が無い。近所づきあいが無い。もちろん祭りも無い。しかし、ありたい理想の暮らしを構想し、新しい仲間と深く語り合い、行動する人たちがいた。その理想に向けて実践を通して自治意識を育んできた。他の都市と比較して高い加入率を有する自治会(七三・四%、二〇一八年四月一日現在、横浜市市民局調べ)や、草の根の地域ボランティアの広がりは、そうした経験を反映しているのかもしれない。共に取り組む仲間の必要性を実感していた。ボランティアやNPOの近年の歴史を見ても、ボランティア元年と言われる一九九五年の阪神淡路大震災のかなり前より、ネットワーク化、情報収集・発信などに取り組む市民団体や中間支援組織の前進となる活動グループが生まれていた。さらには高学歴な主婦層による自己充足的なネットワークから、生活問題の解決に向けた地域・社会的なネットワークへの展開も多彩にあった。

自治会、ボランティアグループ、パーソナルネットワーク、これらが重層的に存在し、時につながり、ありたい暮らしの実現に向けて新しい共同による実践が数多く生まれた(**図1**)。実践は時代ごとに積み重ねられた。高度経済成長期の人口爆発を、社会資本整備が追いつかない中で、早い時期にそして広範囲に経験した横浜の現実があった。

(1)自治会・町内会、NPO、そしてパーソナルネットワーク

より良い暮らしを実現するためには、自らや家族の持つニーズを解決しなければならない。個人や家族によって解決できればそれで良いが、そうではないニーズもある。地域社会に頼ったり、行政・政府に頼らなければならないニーズもある。どのように頼るのか、どのようなルートがあるのか。有効なルートとして考えられる自治会・町内会（以下、自治会）、NPO、パーソナルネットワーク、それぞれの一般的な特徴を概括しておく。

自治会とNPOの特性と批判

日本では伝統的に、家族、自治会から地域社会を経て自治体や政府につながるルートがある。自治会は、一般に、行政からの情報伝達機能、清掃や草むしりなどの環境美化機能、祭礼や運動会などの親睦機能、交通安全や防災・防犯などの課題解決機能などの機能を持つ。もう一つは、市民活動（ボランティア団体、NPOなどの自発的集団）からつながるルートである。テーマに特化した専門的な課題解決機能と、時に政策提言などを通した社会変革機能を持

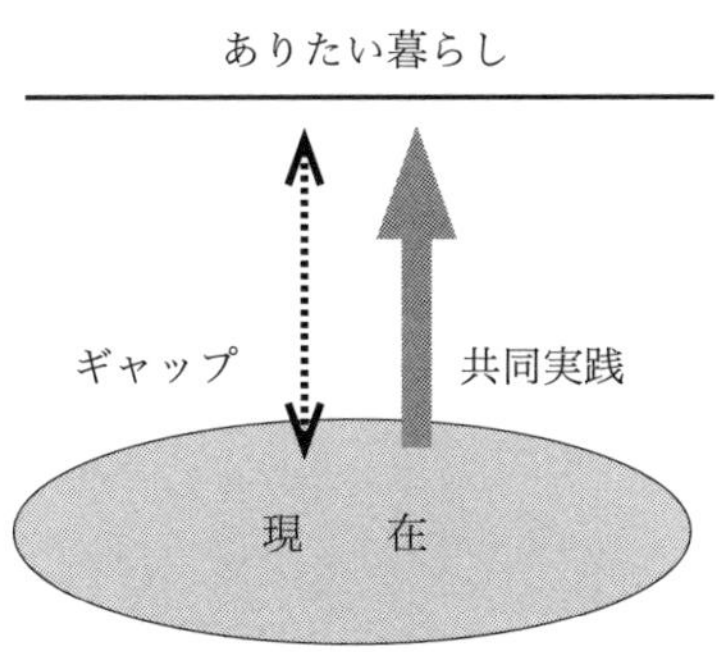

図1　共同によるありたい暮らしの構想と実践

つ。

前者は地域コミュニティ、後者はアソシエーションと呼ばれ、多様な議論が展開されてきた。地域コミュニティは封建的でよく無いからアソシエーションに変化すべきだという批判がある。一方、アソシエーションにおいても、一部の市民が行政と結びつき特権化したり、目的を共にしない人たちを排他的に扱うのではないかという批判もある。また、両者は利害が対立し、前者は地域包括性を重視する。後者は目的に対する志向性を重視するなど、組織特性が異なり、連携・協働し難いと言った声を私たちはよく耳にする。いずれにせよ、ここで確認しておきたいことは、自らや家族のみでは解決できないニーズがあること、そうしたニーズに向き合う地域の自治を構想する上で、「公」と「私」を媒介する組織や集団は無くてはならない存在であり、これからの時代に即した新たな機能や性能をつくり出さなければならず、誰がそれを支えるのかということである。

パーソナルネットワークの浸透と公私の乖離

地域コミュニティやアソシエーションの議論とは別に、個人を中心とするパーソナルネットワークに依拠する生活機能の充足や可能性に関する議論も多い。C. F. Fischer の「友人に囲まれて住まう―町と都市におけるパーソナルネットワーク」が最初である[1]。C. F. Fischer は、都市度の高い地域の住民は、そうでない地域の住民と比較して相対的に親族や近隣のネットワークの量を減らし、個人が選択的に獲得した友人ネットワークの量が多くなることを提示した。こうした友人ネットワークが、地域的・社会的な関心を持ち、生活問題解決ネットワークに発展することもあろう。

一方で、パーソナルネットワークの持続可能性に関する疑問や、そもそもパーソナルネットワークを作る

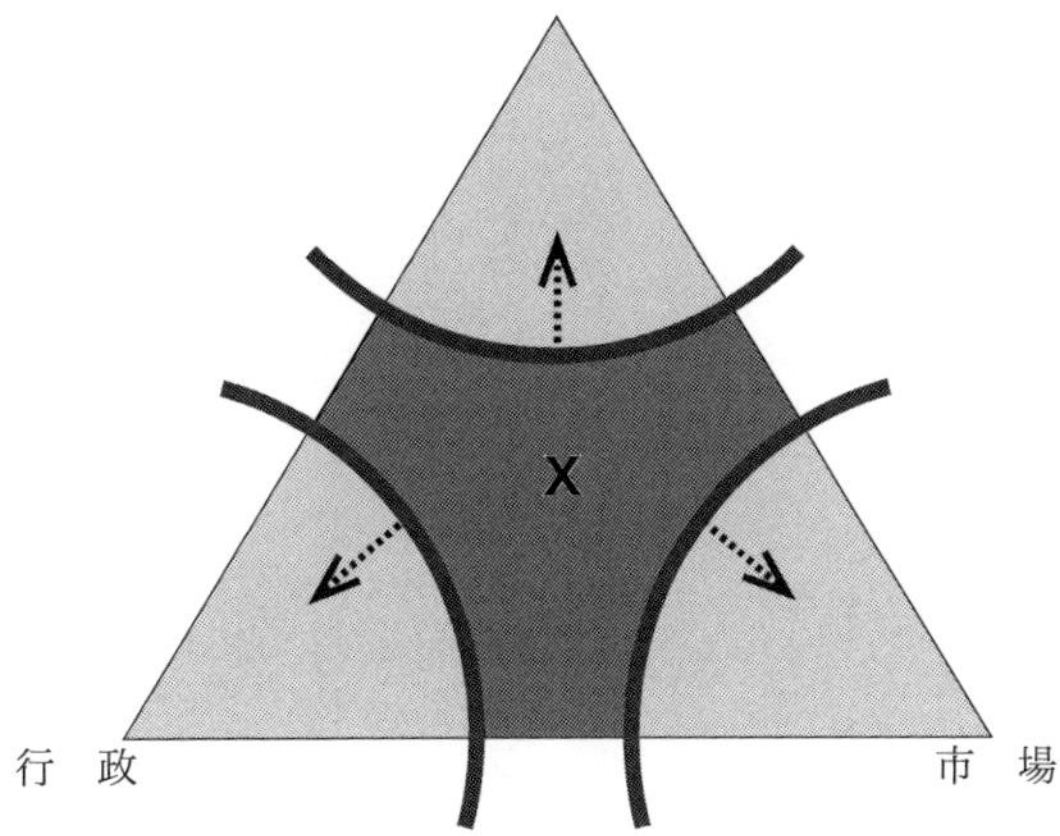

図2　解決されないニーズX

きっかけとなる機会がないではないか。またパーソナルネットワークの浸透は、中央集権化と過度な個人主義を助長し、自治会やＮＰＯを無力化させ、公私の乖離を生むという批判もある。公私の乖離は政策の失敗と政治腐敗を生みやすい。これは、いわゆる政府の失敗、そして十分に応答できない市場サービスの中で解決できないニーズが残されていくことを意味する。残されたニーズは、新たな主体が作り出すサービスの応答に期待したいが、その担い手が育たない環境の中にいるのが現代である。その結果、**図2**の解決されないニーズ〔Ｘ〕の領域は増大し続ける。例えば、公共交通の撤退や身体的サポートが必要な人の増加による移送ニーズや、スーパー等の撤退による買い物ニーズなどは解決できないまま残されていく。

⑵成熟都市におけるコミュニティ政策のアプローチ

パーソナルネットワークへの依存、市場・政府の失敗によるニーズが取り残されていく現状をどうしたら良いだろうか。手探りの状態で、地域自治の仕組みの設計が全国の自治体で行われつつある。設計のパターンは次の五つだろう。①地方自治法に基づく地域自治区制度を用い行政機能の分権化を図る方法 ②新合併特例法により合併時の旧市町村区域に設置される行政機能を担保する方法 ③自治基本条例などの条例に権限機能を担保する方法 ④自治体が独自に要綱を定める方法 ⑤住民が独自に頑張る方法 横浜市は④、⑤を選択している。⑤を支える支援メニューは助成金制度や専門家派遣制度など多様にある。また、庁内において地域の支援体制（地区担当制など）を整える動きもある。小学校区など、一定の地域的まとまりを対象として、行政内で担当者を配置したり、タテ割りを超えたチームをつくり、地域づくりを伴奏的に支えるというものである。

〝モザイク化する都市郊外〟（図3—a・b）と言われるように、開発から五〇年を経て、小地域ごとに異なるニーズや課題が出現し、地域ごとに柔軟かつ機動的な対応が求められている。今後の地域自治を構想するとき、一律の仕組みを持たない横浜市においては、これまでに育まれてきた市民活動等の特性を十分に理解し、生かすコミュニティ政策を用意しなくてはならない。例えば、一つの色に染まらない地域社会を創ろうとする時、次のような活動が十分に力を発揮できる支援の仕組みが必要だ。筆者が運営に関わった「放課後学童クラブ」は、地域の方々が経営や実務の大半を担い、子どもや親の生活スタイルに合わせた事業を検討し、地域に雇用を生み出しつつ、保護者の手を借りながら運営している。営業時間外の見守りについては、有志が集まり自主的に見守り活動をしている。地域に必要なサービスを、地域の中の個人や団体が連携し、行政等の支援を得つつ、住民自らが力をつけて実現している。こうした活動や連携を育んでいく方法もある。また活動団体は自らその持続可能性を問い、活動を見直す必要もある。ブラックボックス化しない運営を続けるための情報公開や、事業や経営に関するチェック機能に関しても自ら能力を高めていく必要がある。先に示したコミュ

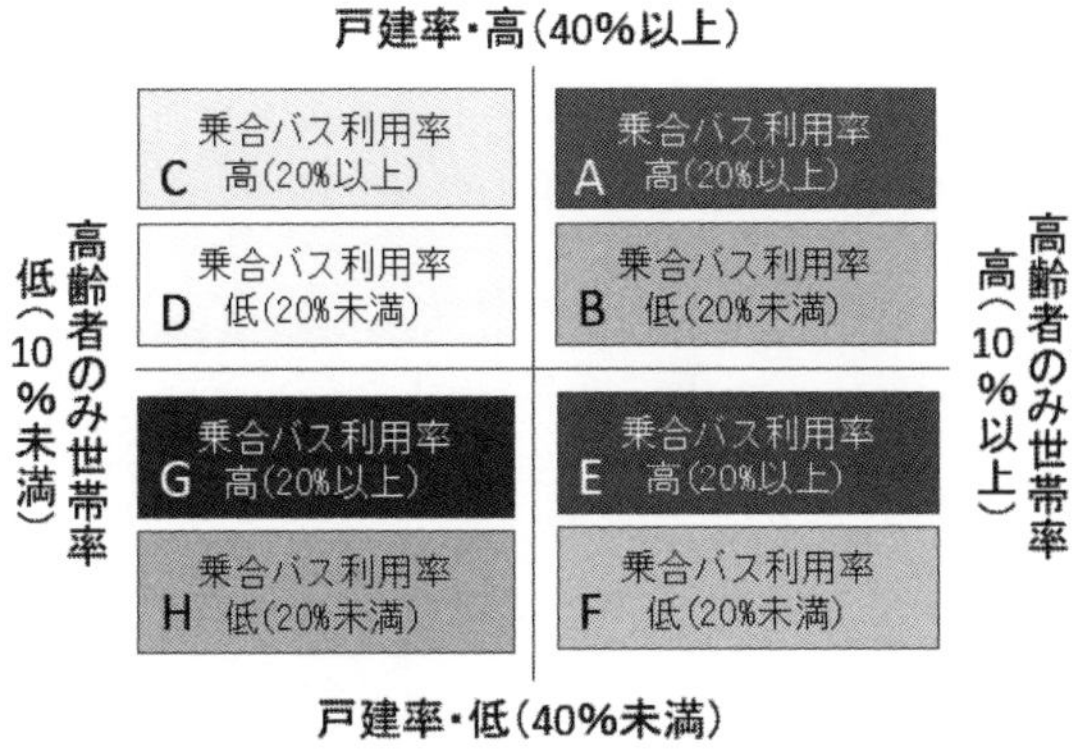

図３―a　地区８分類

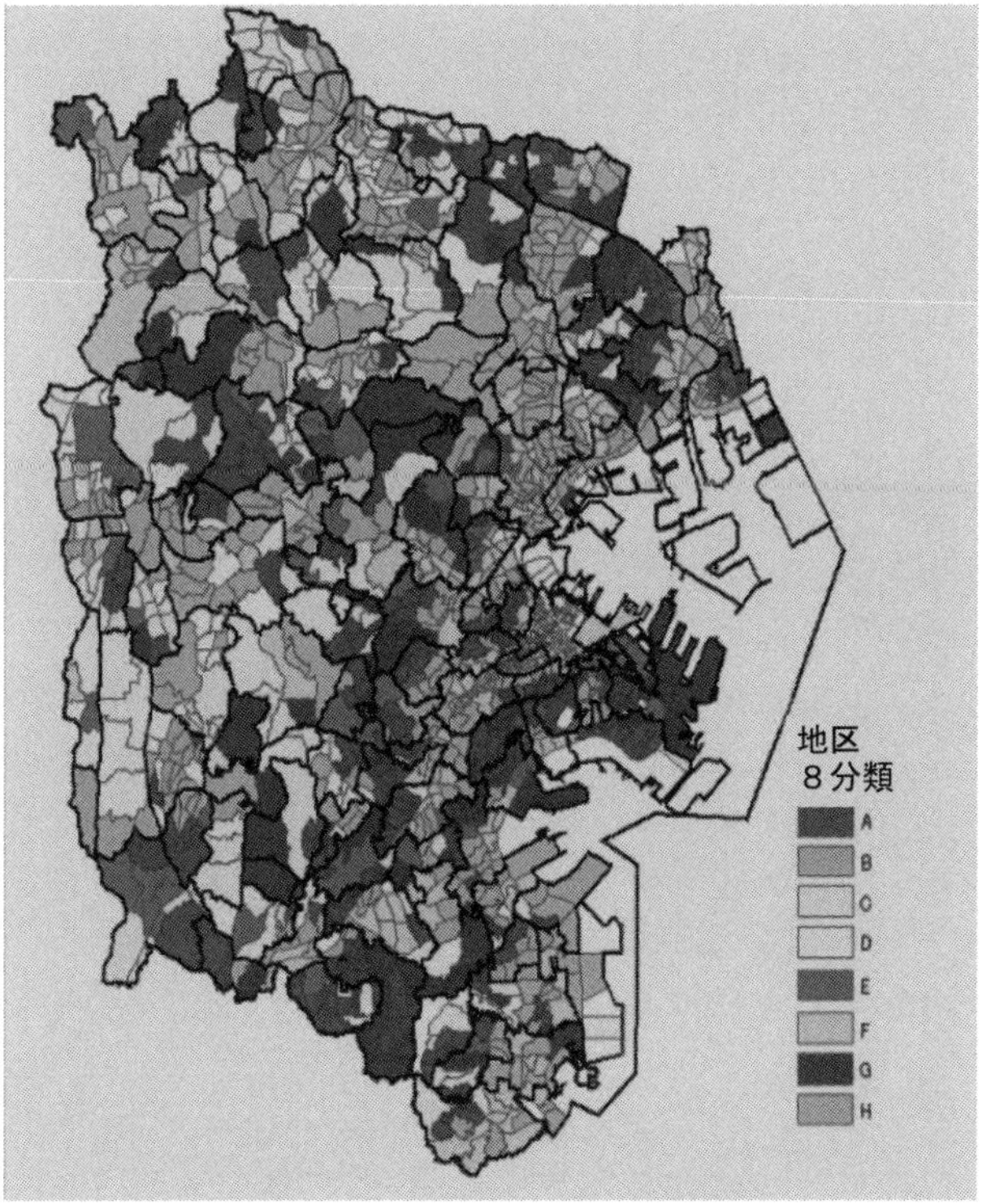

図３―b　モザイク化する都市

図３―aは町丁字を単位地区として、暮らしを特徴付ける３つの指標を用いて、８つに地区を類型化したものである。図３―bをみるとモザイク状に混在していることがわかる。詳しくみると、横浜市北部と南部で特徴が分かれ、北部では高齢者のみ世帯は少なく、アクセスの良い集合住宅エリアが多いことがわかる（石井・藤井）[2]。

ニティ政策の④や⑤を選択する際には、こうした自律を促す支援が特に重要となる。

2　横浜の市民活動を育んだ三つの経験と備わった特性

ここからは横浜の話に戻そう。横浜市民の持つ横浜の開港以来の進取の精神といった神話に与することなく、高度成長期の人口爆発という現実的基盤から横浜の市民活動の持つ特性を説き起こしてみたい。横浜市は、一九六〇〜七〇年代に爆発的な人口増を迎え、住むことのできる場所が急ピッチで造られた。戦後の農地改革により小規模な自営農が生み出されたこともあり、無秩序な開発も広がっていった。こうした都市の急速な発展は、新たな市民活動の生成や既存の自治会に変化を生み出した。

(1)三つの経験

共通問題への対応――旧住民と新住民が同じテーブルにつく――

この時期、農家地主層を中心とした旧住民層に都市化で加わった新たな住民層が合流、ないしは連携する必要があった。土地所有者としての利害を持つ旧住民層と居住環境や日常生活ニーズを持つ新住民層が対立する場面が生じたが、公園、公共施設等の社会資本整備や身近な環境整備を通して、両者が協議、対話する機会が生まれたのである。両者が同じテーブルに着く機会、相手を知る機会が生まれたこと自体が重要である。新旧住民による新しい地域自治の始まりである。

例えば、雑木林に接する防犯上危険な道路に対して、新住民を中心とする活動グループが、旧住民を中心とする地主グループに働きかけ、樹木を伐採し、土地を借用してフラワーロードを整備し、安心で安全な道路に生まれ変わるという例がある。また、新たな住民層の共通問題が多く発生した時代であり、保育、交通安全、親睦機能など、積極的・消極的を問わず、新たに移り住んだ住民同士の連帯した活動・運動も数多く生まれた。

都市住民の地域社会に対する意識や態度により、個人と地域社会との関係をモデル的に示した奥田[3]は、時代の要請に合わせて発展する住民組織を理念的・規範的な観点から、「地域共同体」モデル→「伝統的アノミー」モデル→「個我」モデル→「コミュニティ」モデルへの移行過程を理想として示した。簡単に言い換えれば、地縁的でまとまりは良いが閉鎖的な地域社会から、地域への無関心な状態、次に利己的な問題にのみ関心を向ける状態となり、そして、〝住民が地域全体を見渡しつつ積極的に地域参画、集団参画する状態〟を目指すというものである。

横浜郊外エリアでは、この〝理想とする移行〟をせざるを得ない状況が、早い時期からあったことは確かだろう。注意深くみておきたいのは、先ほど例示したように、横浜の郊外では、異なる住民層がお互いを知り、持ち味を生かし合う取組や、新たな住民層を既存の地域組織が支えるというような、住民同士の新たな経験が多彩に生まれていたことである。新住民による既存の地域コミュニティへの関わりは、組織運営や事業アイデアの創出において変化を生み出す機会にもなった。

横浜のコミュニティ行政——対話を育む連携——

横浜郊外における旧住民と新住民、そして新住民同士の共同実践の発展は、共通問題への合理的な応答という側面に加え、一九七〇年代に本格化するコミュニティ行政の影響もあった[4]。ハコモノの整備に目を向けがちだが、むしろ旧住民を中心とするグループに新住民や当事者グループが加わり、ハコモノの整備において計画段階から参加したり、整備後の管理運営に参加したことに注目したい。整備されたコミュニティ施設における利用者同士としての新鮮な出会い、そしてこれまで出合わなかった住民同士による施設の管理運営は、対話と共同作業をする力を育んだ[5]。横浜市では、日常生活圏として半径一・五㎞以内程度に一館、いわゆる生涯学習の拠点として「地区センター」（一九七三年―）、中学校区程度に一館「コミュニティハウス」（一九九〇年―）、同様に中学校区程度にいわゆる高齢者等を主に対象とするケアの拠点「地域ケアプラザ」（一九九一年―）、そして区に一館の「地域子育て支援拠点」（二〇〇五年―設置開始）などがある。いずれも属性の異なる住民層や関わることの無かった住民同士が対話と共同作業を繰り返す機会となっていた。

新たな公私関係をつくる主婦層のパーソナルネットワーク

地域自治の発展を公と私の関係の作り直しと捉えるならば、当時の高学歴主婦層の活躍は極めて大きかっただろう。新住民の高学歴な夫婦と子という組み合わせにおいて、地域で多くの時間を過ごすのは主婦であり、新たなリーダー層もそうした主婦たちから生まれた。〝高学歴な属性を持つ人ほど地域活動・市民活動への参加の割合が高くな

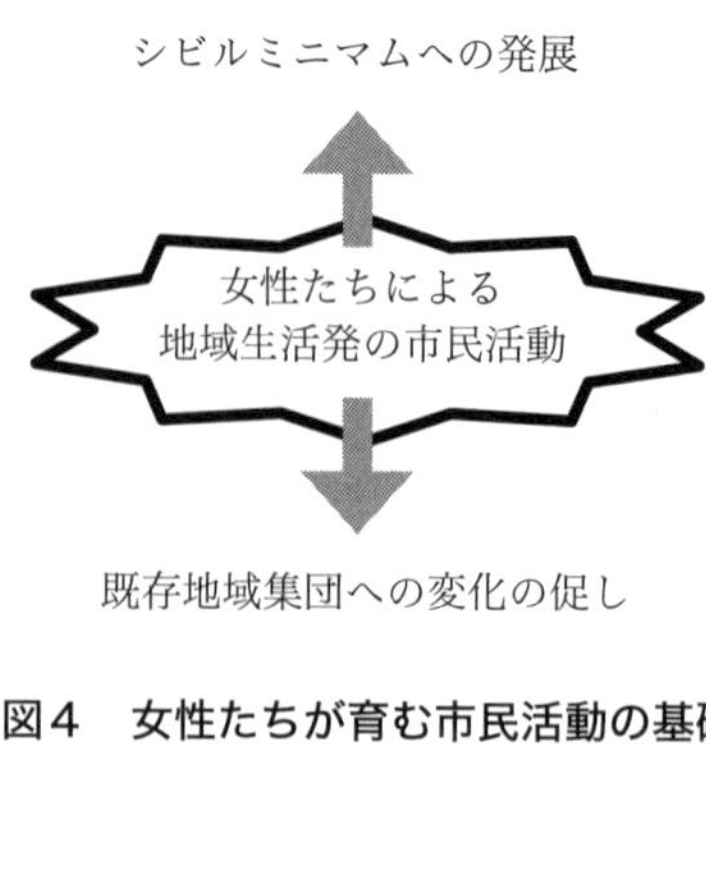

図４　女性たちが育む市民活動の基礎

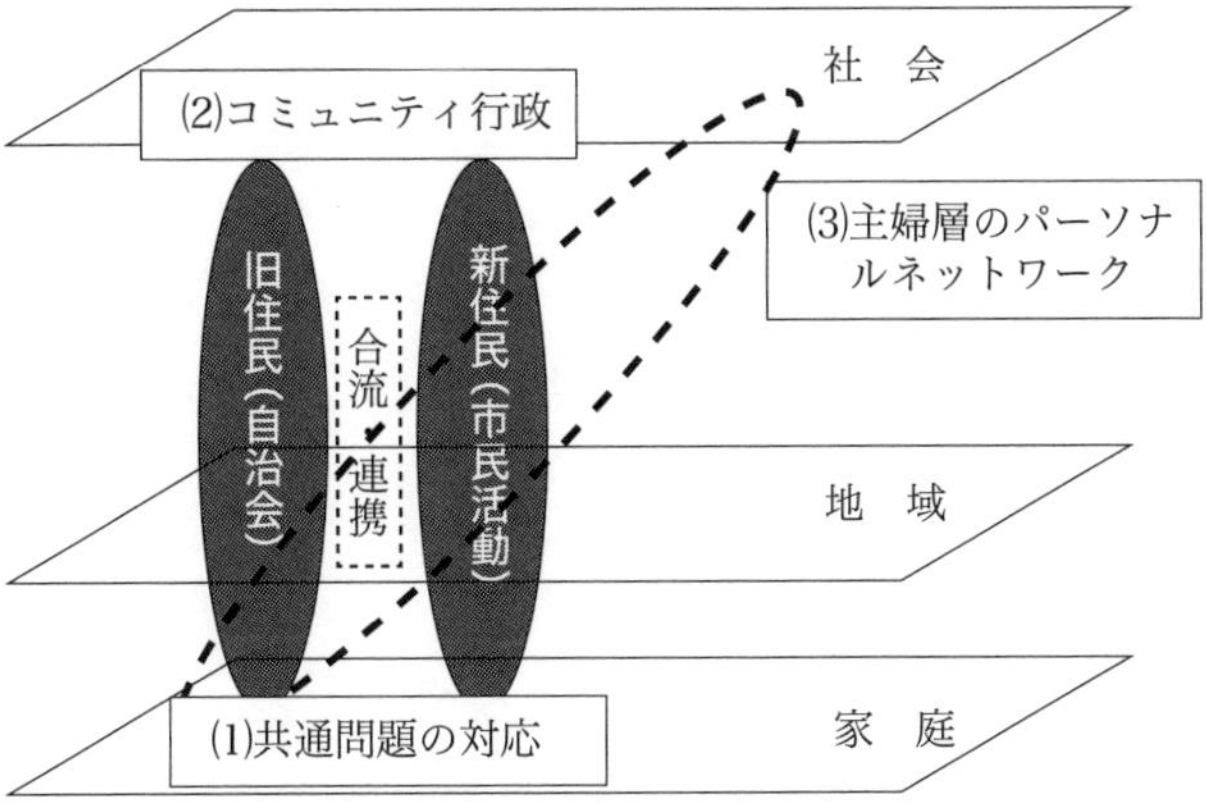

図５　高度経済成長期における３つの経験と連携・合流の姿

る〟ことはよく知られている。[6] こうした女性の子育て期の参加の経験や、その後の個人の関心に端を発するネットワークの発展は、地域活動や市民活動に新しい息吹を吹き込んだ。共同購入による生協活動のように暮らしに密接するものから、自己実現を目的とした生涯学習グループの誕生、さらには、個人同士のみならず、活動グループ同士が情報を共有したり、学習し合い、時に行政や企業と交渉・連携し、さらに高い目標にお互いを向けていく営みがあった。イデオロギーではなく、地域の生活に密着した運動や申し立てであり、シビルミニマムを形づくる一翼となった(**図4**)。一九六三年の飛鳥田一雄市政を始めとする革新自治体ではより積極的にこうした状況が生まれた。そして、女性たちを中心に育まれた当事者視点の活動は、身近な地域社会に持ち帰られ、住民組織に新たな新陳代謝を生み出した。こうした主婦層のネットワークは、現代社会に生まれる新たなニーズに応答する行動と知識を生み出し、既存の住民組織に変化を生む力にもなっていた。

以上を整理すると**図5**のようになる。高度経済成長期の横浜の、特に郊外部において当事者の視点で育まれた市民活動の基礎は、現実問題への応答やコミュニティ行政により育まれた新旧住民の連携・合流の幾多の経験と、高学歴主婦層の社会的な関心に変化したパーソナルネットワークにより、つくられ、鍛えられてきたということである。次項では、三つの経験を通して育まれた市民活動の持つ特性を確認する。

⑵備わった三つの性格

横浜郊外における三つの経験は市民活動にどのような性格を育んだのか。第一に、地域的まとまりの中で生まれる「当事者性」である。暮らしの中のこうありたいと願う声が合わさり、共通の理想をイメージすることができた時、それぞれの個人の持つ現実と共通の理想の間にギャップが生まれ、そのギャップを埋めようとするニーズを持つ当事者集団となる。つまり当事者性は、〝ありたい姿を構想する機会や共有する機会〟が重要なのである。ではこうした機会はどのように生まれるのだろうか。こうした機会を数多く用意してきた認定NPO法人市民セクターよこはまを例にポイントだけ先に紹介したい。

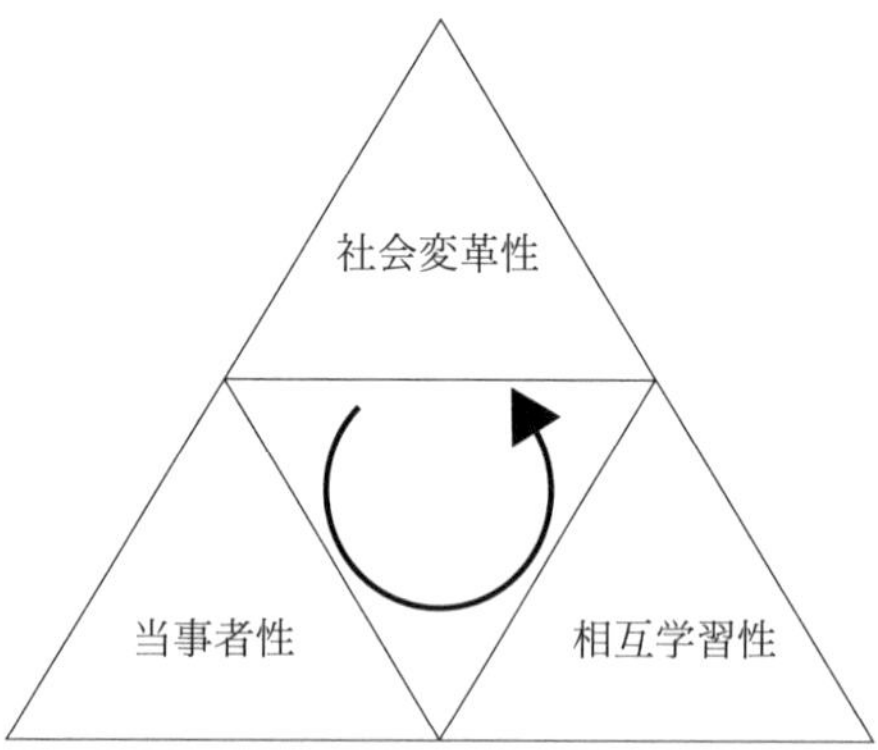

図6　備わった３つの特性

この団体は、一九六〇〜七〇年代に横浜に移り住み、先に紹介してきたような共通問題への応答などを、市内各地で、特に在宅福祉のまちづくりを行うグループが集まって出来た一九九〇年代中頃から活躍する市民活動団体である。現在は、いわゆる中間支援組織として活躍している。当時、集まって何をしたかと言えば、「市民セクター構築のための研究会」を始め、デイサービス・サロン連絡会、配食サービス連絡会、精神保健連絡会、等々共通のテーマについて、勉強会を重ね、それぞれの状況と課題の共有、当事者の理想の暮らしや担い手としての活動グループの理想の姿、現状の制度の不十分な点と必要な制度、こうした点を語り合い、学び合った。こうした機会は、参加グループの自らの現実と、どこに向かうべきか、つまり理想の社会像を持つこと、理想と現実のギャップを把握することにつながった。これらは継続した連絡会において共有された。草の根の市民活動団体と呼ばれるものは、少なからずこうした営みをベースとしているはずだ。こうした営みを通して育まれるのが、当事者同士がつながり、相互に学習する「相互学習性」である。さらには、そこで得た生き生きとしたネットワークと知識を元に、サービスを生み出したり、新たな仕組みや制度を創ろうとする「社会変革性」である。これら「当事者性」「相互学習性」「社会変革性」は、当事者主体の市民活動団体が多彩に展開してきた歴史を持つ横浜ならではの特性と言えよう。ありたい暮らしを構想し、既存の地域のつながりを持たず、習う先もない中で、新住民を中心とした活動グループや個人が、学び合い、高め合う環境をつくってきた。

3　中間支援組織化

横浜の市民活動は、この後に続く中田市政下の協働型行政によりさらに発展していくこととなる。ここでは

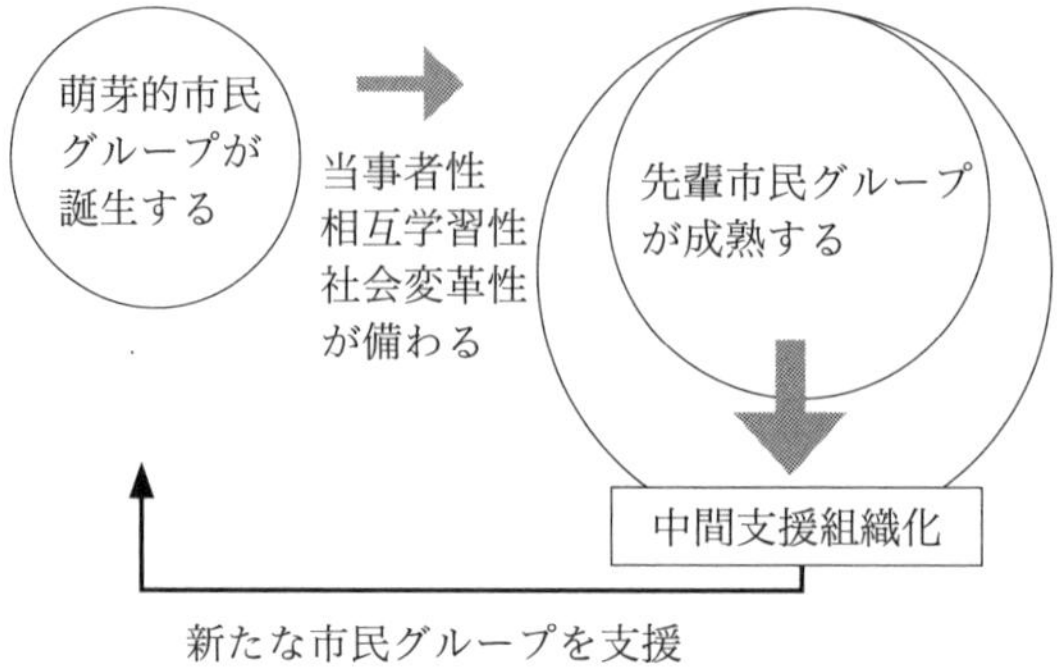

相談対応力や経験が蓄積し、専門性やネットワーク力等が向上する

図７　中間支援組織化

身近な地域で活躍してきた新住民を中心としたボランティアグループやＮＰＯが、協働型行政の環境の中で、新しい機能「中間支援（組織）機能」を持つようになる姿を確認したい。本書で紹介する四つの事例はいずれも中間支援組織となった、あるいは成りつつあるＮＰＯや協議体である。

(1)中間支援組織化するとは

中間支援組織化するとは、〝目の前の課題に対する活動をしていたら、他の人・集団より、知識や経験、ネットワークが蓄積され、他を支える力を発揮するようになった〟というものである。萌芽的な活動をする市民グループが先輩グループに相談する。先輩グループは市民グループだけでなく、行政からも相談を受けるようになる。いくつも相談を受けるうちに相談スキルやネットワークの力が増していくという姿である。中間支援化のプロセスを**図7**に示す。

日本では、行政が設置する市民活動支援センター（以下、支援センター）と呼ばれるような、公共施設、もしくは事業が二〇〇〇年以降に整備された（横浜は支援センターは、市域に一ヶ所、各区に一ヶ所ある）。こうした支援センターを中間支援組織と呼ぶことが多い。しかしながら、貸し館業務を中心とする、施設内でのサービスに終始することが少なくなく、生きた団体情報や地域ニーズを知らず、またネットワークも持たず、ニーズに合った事業展開を十分に出来ないといった課題もある。

横浜では、そうした支援センターとは別に、先輩団体が後輩団体を支えるといった、活動や組織運営に対するアドバイス、団体間のネットワーク、人材養成、行政との協働コーディネートなど、成長段階に応じた市民同士の支援が、一九七〇〜八〇年代以降、多様な分野や地域で発展している。七〇〜八〇年代に入ると、神奈川県消費者の会連絡会、よこはまの川を考える会、カラバオの会（外国人の労働・人権問題の総合支援）など、専門性をもち、中間支援組織化する市民活動団体がすでにいくつも誕生している。また、戸塚区郊外のドリームハイツには、当時人口一万人ほどのエリアに、地域内の団体が様々な生活課題について話し合うネットワーク「地域のつどい」が同様な時期に生まれている（3章で詳述）。

(2)中間支援組織の定義

ここで改めて中間支援組織の定義を確認して置く。日本NPOセンターによる二〇一二年度NPO支援センター実態調査によると二〇一一年には、官民合わせて、既に二〇〇を超える支援センターがある。中間支援組織は、一九九五年の阪神淡路大震災や一九九八年のNPO法施行以降、市民と行政の協働や、市民活動の連携のコーディネートを支援する取り組みとして、様々に生まれているが、日本では歴史が浅く、学術的に十分な蓄積がない。こうしたなか、中間支援組織が、現代社会のなかでどのような役割を担ってきているのか、という視点から欧米の事例を紹介したものに田中（二〇〇五）がある。[7] ここではその役割を「資源提供者と非営利組織の間で資源提供時に生じる阻害要因となっている両者への負荷（探査・交渉・モニタリング）を軽減する取り組み」と捉え、そのなかで、中間支援組織は信頼醸成装置になっていると述べている。また、日本で初めて中間支援組織について総合的に調査した内閣府の調査「中間支援組織の現状と課題に関する調査報告」(二〇〇二)は、中間支援(組織)を、「多元的社会における共生と協働という目標に向かって、地域社会とNPOの変化やニーズを把握し、人材、資金、情報などの資源提供者とNPOの仲立ちをしたり、また、広義の意味では各種サービスの需要と供給をコーディネートする(組織)」と定義している。田中や内閣府の報告からみた中間支援組織とは、「多様な主体による共生・協働型社会に向けて、地域社会や活動団体・組織の変化やニーズを把握しつつ、そのニーズ解決のための資源提供者と活動団体・組織の仲立ちをし、その間に生じる阻害要因を軽減する役割を担う組織」と整理できよう。本稿の中間支援組織化との関係で言えば、情報、ノウハウ、資金などに関する知識と、資源提供者や資源を活用する活動団体とのネットワークを多く持つようになった先輩団体が、萌芽的な取組を始めた団体に知識やネットワークを伝える、いわば〝ノウハウ移転〟のような振る舞いをするようになることと言えよう。

4　中間支援組織の展開「協働」「世代継承」

(1)中間支援組織化の過程で持つ機能

中間支援組織化する団体が、発展段階に応じて持つ機能を以下に整理する。[8]

〈創生期〉(交流・仲間づくり期)

疑問や不安を語り合う機会の提供、同じ思いを共有するメンバー(あるいは団体)との仲間づくり

と交流、共同作業

〈成長期〉（学び合い期）

個人や一団体では把握しきれない情報の提供、当事者やグループが成長するための知識やノウハウを獲得する学びの場の提供、経験を積んだ人や団体との情報交換の機会づくり、専門機関との連携

〈成熟期〉（協働・社会変革期）

他のグループに対する専門的な支援、組織のマネジメント支援、協働のコーディネート、問題解決や社会変革を進めるための政策提案

⑵中間支援組織力を高める「協働」

市民と行政がともに育った一九九〇年代以降の協働施策

中間支援組織の成長を語るときに欠かせない経験が「協働」である。地域自治との関係で横浜の協働施策を概括してみよう。一律の地域自治の仕組みを持たない横浜が、一九九〇年代以降に力を注いだのが「協働」である。横浜市が協働環境を整え、市民の主体的な活動をさらにパワーアップさせようとするものである。市が用意した最初の協働環境とは、地区やテーマを設定したモデル事業であった。一九九六年から三カ年実施された「パートナーシップモデル事業」である。それは、地区のビジョンづくり、地域施設づくり、市民活動の支援に関するものであった。公募市民と地域役職者、区役所の協働によって実施された。その後、一九九九年には、「横浜コード（全国初の行政と市民活動の協働に関する基本指針）」を示し、翌二〇〇〇年には「市民活動推進条例」を定

めた。二〇〇四年には、一事業あたり五〇〇万円を限度とする三年間のモデル事業「協働事業提案制度モデル事業」が実施された。これらのモデル事業の検証においては、地域自治や市民活動を支援していく際の中間支援組織の重要性が提言されている。

中間支援組織への行政の支援施策

二〇〇六年には有識者や実務家による横浜市市民活動推進委員会により、意見具申「中間組織（この頃、横浜市では中間支援組織を中間組織と呼んだ）に対する行政の支援のあり方について」が示されている。その概要を抜粋して整理すると次頁のようになる。（全て原文のまま）

そして、二〇〇九年度は、当時全国初の試みとして、横浜市市民活動支援センター事業を、中間支援組織が育つこと、中間支援組織同士の連携を図ることを目的として、支援センターの運営を行う「運営事業」とは別に、他のNPO法人が担う「自主事業」部門を設け、支援センター事業を複数の中間支援組織で担い合う仕組みをつくった。自主事業は、例えば、初年度の提案には、〝ネットワーク事業〟として「NPOと企業のネットワークを通してNPOのエンパワーメントをはかる事業」、〝人材育成事業〟として「よこはま地域づくり大学校」、他二つが採択されている。こうした試みを経て、その後、市民活動推進条例の全部を改正する形で公布された二〇一二年の「横浜市市民協働条例」では、第一六条において、〝中間支援組織を行政と市民が育てていくこと〟、〝中間支援組織の助言に対して誠実に対応すること〟が明文化された。以上のように、横浜市は、二〇〇〇年代後半から行政として中間支援組織の成長を促してきた。

横浜市市民活動推進委員会、意見具申「中間組織に対する行政の支援のあり方について」2006年

中間組織の変化

〈これまで〉

市民が身近な地域課題解決のために自主的に取り組む中で、市民が自ら作り出してきた活動を市民自身が支えるという新しい段階を迎えました。中間組織の存在と果たす役割が大きな注目を浴びるようになってきたのです。

〈これから〉

民間主導の中間組織が多様な形で増え、市民主体の活動を活性化させ、協働による地域課題の解決の推進役となることを期待しています。横浜市の基本構想（長期ビジョン）で目指している「市民力の発揮」の実現に向けても、大きな役割を果たすことが期待できます。（以下、省略）

行政による中間組織育成のための支援

⑴中間組織と行政との協働によって市民活動支援のための相談事業や交流事業を行い、中間組織の認知度を高める。

⑵市民活動支援センターが情報提供などの多様な機能を担い、中心となって中間組織の連携、ネットワークを強化する。

⑶よこはま夢ファンドの推進など、市民や企業の寄附文化の醸成を進める

⑷行政職員が市民活動団体や中間組織を理解するため、一市民として自らが地域で市民活動に参加する。

⑸地区センターなどの公共施設では民間主導の市民活動の拠点との連携を進め、中間組織が市民活動団体のネットワークをつくれるよう、市民活動支援の視点から施設運営を行う。

遅れたコミュニティ政策を取り戻す

二〇〇三年度から始まった「地域福祉保健計画」は、連合町内会単位であらゆる団体が集い、協議体をつくり、地区ごとのビジョン（地区別計画）策定への参画と、実現に向けた協働によるサービス提供を追求した。地域福祉保健計画は、地域自治を市内全域で共通の仕組みの中で進めるという点で、横浜市においては画期的だった。

また、連合自治会エリアや小学校区エリアで多様な住民グループが集まり、協議体を作り住民自治を進めようとする施策がもう一つあった。地域的なまとまりの中で住民同士の協働をベースとした事業を支援する「身近な地域・元気推進事業」（図8、図9）（二〇〇六年度から四年間、モデル事業として、計三六地区で実施。その後「元気な地域づくり推進事業」として実施。）は、地域の中の多様な主体による協議の場作りと、活動を生む、極めて実践的事業であった。異なる属性を持つ住

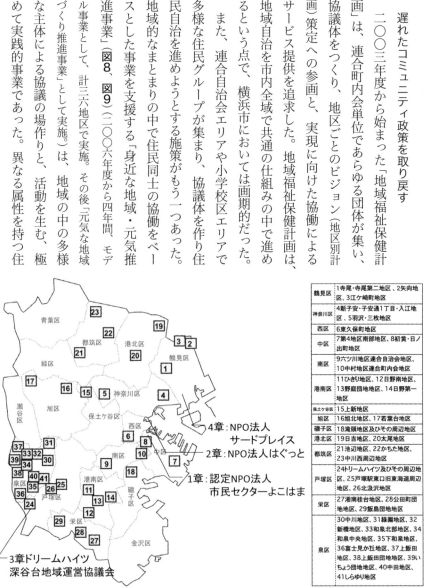

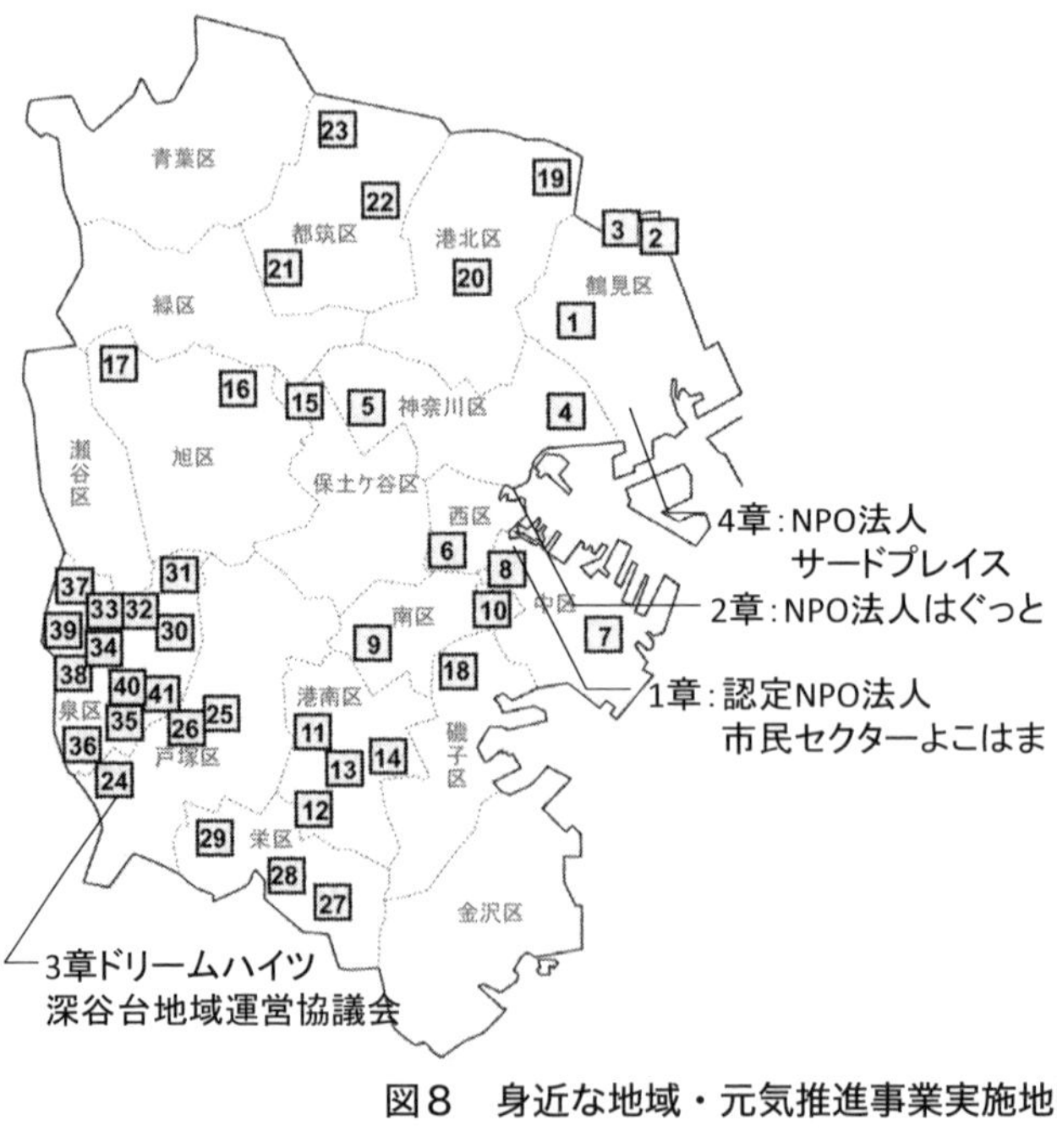

鶴見区	1寺尾・寺尾第二地区、2矢向地区、3江ケ崎町地区
神奈川区	4新子安・子安通1丁目・入江地区、5羽沢・三枚地区
西区	6東久保町地区
中区	7第4地区南部地区、8初黄・日ノ出町地区
南区	9六ツ川地区連合自治会地区、10中村地区連合町内会地区
港南区	11ひきり地区、12日野南地区、13野庭団地地区、14日野第一地区
保土ケ谷区	15上新地区
旭区	16旭北地区、17若葉台地区
磯子区	18滝頭地区及びその周辺地区
港北区	19日吉地区、20太尾地区
都筑区	21池辺地区、22かちた地区、23中川西周辺地区
戸塚区	24ドリームハイツ及びその周辺地区、25戸塚駅東口旧東海道周辺地区、26北汲沢地区
栄区	27湘南桂台地区、28公田町団地地区、29飯島団地地区
泉区	30中川地区、31緑園地区、32新橋地区、33和泉北部地区、34和泉中央地区、35下和泉地区、36富士見か丘地区、37上飯田地区、38上飯田団地地区、39いちょう団地地区、40中田地区、41しらゆり地区

図８　身近な地域・元気推進事業実施地区

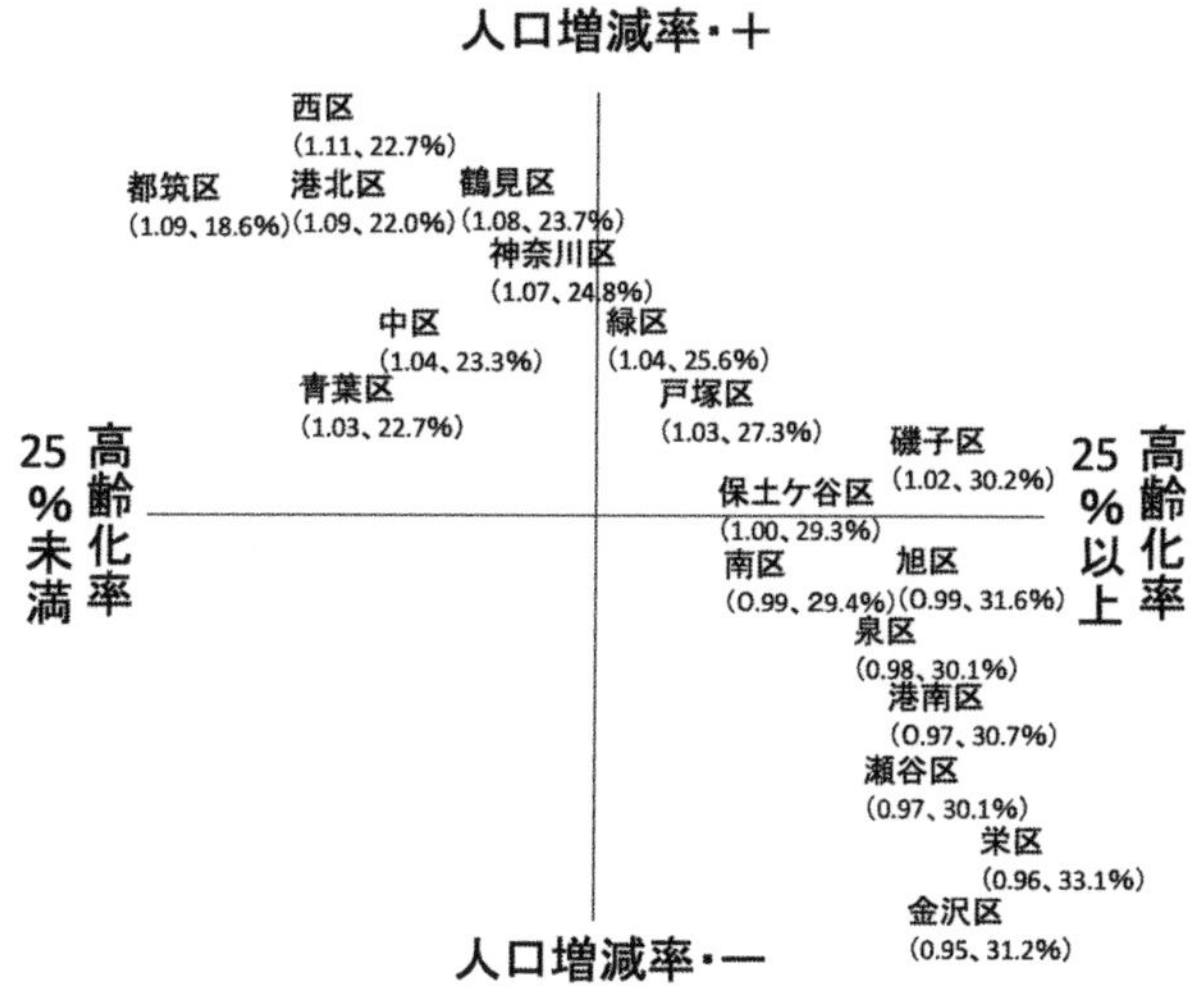

高齢化率は2018年10月1日時点、人口増減率は2018年10月1日時点の人口を2013年10月1日時点の人口で除したもの。1より大きければ増加し、1より小さければ減少となる。区の状況が大きく異なることがわかる。

図９　大きく異なる18区の高齢化率と人口増減率

民グループが協働する力を養い、地域社会のつながりを再確認・再編する機会となった。市民活動団体や中間支援組織は、地域福祉保健計画や身近な地域・元気推進事業において大いに活躍した。複雑困難化する地域のニーズや専門的解決において、これまでに培ったノウハウ、ネットワークを提供し続けた。こうした機会を通して、自治会等は、市民活動団体と中間支援組織の重要性を深く認識することとなった。

(3)次代に引き継いでいく

第一世代から第二世代、そして第三世代へ

一九六〇～八〇年代に新たな住民層を中心に、習う先が無い中で、互いに学び合いながら市民活動が育まれた。この時期に市民活動の土壌を作った人たちを第一世代とするならば、一九九〇～二〇〇〇年代の、阪神淡路大震災（一九九五年）やその後の特定非営利活動促進法の制定（一九九八年）、介護保険制度の導入（二〇〇〇年）といった社会システムの変動期に力を発揮したのが第二世代である。第一世代に学びつつ新しい時代の市民社会の構築に向けて、NPO法人化による事業運営や協働にチャレンジしてきた。そして、その後リーマショック（二〇〇八年）や東日本大震災（二〇一一年）を経て、豊かさや幸福に対する価値観の転換が起こった頃以降に活躍するのが第三世代である。第二世代の活動は第一世代に支えられ、第三世代の活動は第二世代に支えられている。

これらの世代の総力を挙げて取り組むテーマの一つが、この一〇年くらいそれをよく聞かれるようになった「地域運営」である。私たちの住む地域はどんな地域でありたいか、地域主体でそれをどう実現し続けるかということである。これを実現するために、地域によっては、「地域運営協議会」（以下、協議会）を組織する場合も増えている。横浜市では、協議会の設立と実践を支援するため「元気な地域づくり推進事業」を用意し、区役所がその活動を支援している。本書では、本論3章のドリームハイツの例で紹介している（深谷台地域運営協議会）。地域運営には2つの側面があるだろう。一つは、地域の中の人のつながりをつくり直す試みであり、もう一つは、単独では実現できない活動を実現するための実行グループの再編である。ネットワーク、情報、ノウハウ、資金などを組織内外から授受しようとする点では協議会は〝中間支援組織の地域版〟と捉えることができよう。

当事者主体のサービスだからこそ引き継がれる

本書が扱う事例は、第一世代から第三世代が総力を挙げて取り組んできたもの（1章、3章）、第一世代に学んだ第二世代が中心を担うもの（二章）、第二世代からの学びを土台としつつ、第三世代として挑戦を始めている事例（4章）である。こうした担い手の代謝は地域社会をサステイナブルなものにしていく。

身近な例で言えば、子育て中の親子サロンがわかりやすい。先を行く世代が作り出したサービス資源（親子サロン）に、利用者であった当事者が、利用者としてだけでなく担い手になったり、その経験や得た知識を次の世代に引き継いで行くという姿である。当事者として、相互に支え合う関係性を築くことの重要性を学習しているのである。それは行政主導による受け身となってしまうサービスの利用者や、市場サービスの消費者としてでは養われない経験である。

今後の地域自治において、重要なことの一つは、当事者同士がつながり、学び合い、解決しあう、こうした場が暮らしの中にあることであり、こうした場を作り出したり、生まれた活動団体を支援する中間支援組織がなるべく身近な地域に必要だということである。横浜では、多彩に生まれつつある中間支援組織と自治会等の連携のコーディネートが重要になっている。当面は、行政や本書の1章で紹介する幅広い情報と専門性を持つ総合型の中間支援組織が信頼されている立場を生かしてコーディネート役を担っていく必要があり、自覚と能力を備えなくてはならない。

5　本書で紹介する四つの事例

本書は、四つの中間支援組織の事例を紹介する。いずれも、草の根の市民活動が中間支援の役割を持つようになったものである。

1章の認定ＮＰＯ法人市民セクターよこはまは、現在、市域で活動する総合型の中間支援組織の代表格である。行政設置ＮＰＯ運営の横浜市市民活動支援センターの管理運営などをしている。元々は在宅福祉の活動団体の研究会ネットワークから始まっている。2章のNPO法人はぐっとは、主に西区の住民を対象として活動する、子育て支援を包括的に行う団体である。子育てを終えた元当事者が中心となっている。3章のドリームふれあいネットワークは、小学校区程度の範域で、元自治会役員やボランティアグループが集まり、地域的まとまりの中で総合的な活動を展開している。4章のNPO法人サードプレイスは、鶴見区で市民活動をしていた若い人たちが中心となり、子どもを対象とした活動を行うべく二〇一七年に入って設立された団体である。

それぞれの事例は、団体のこれまでの経緯、市域・行政区域・小学校区域といったそれぞれの活動範域の中で担っている役割、そして今後の展望と課題などを紹介している。今後の展望や課題では、「企業を含めたトライセクター構想」「市民的専門性の限界と発展」「次世代連携」「地域におけるファンドレイジング」など、それぞれの事例から見えてくる横浜の市民活動の新たなテーマと課題を知ることができよう。

横浜の市民活動の経験と、協働を通して発展した中間支援組織の現在を知っていただき、今後の地域自治の仕組みと実践方法を検討する一助となれば幸いである。

注

1 Fischer, Claude s. (1982), *To Dwell among Friends: Personal Networks to in Town and City*, Chicago, IL.: University of Chicago Press.

2 石井大一朗・藤井多希子(二〇〇七)「大都市郊外におけるコミュニティ・ケアの仕組みづくり—横浜市地域ケアプラザ地域交流事業の実態分析を通じて」KEIO SFC Journal Vol.7 No.1、湘南藤沢学会、二〇〇七、五二—七二頁

3 奥田大道、都市コミュニティの理論、東京大学出版会、一九八二年

4 横浜のコミュニティ行政については、実務者、学識者、行政職員で形成されたコミュニティ行政研究会によるコミュニティ行政基礎調査を報告した横浜市調査季報一二〇号「横浜のコミュニティ行政施策—市民と行政のパートナーシップを求めて」(一九九四)が詳しい。

5　地区センターでは建設委員会方式が採用され、調査季報一二〇号（一九九四）の「建設委員会方式をめぐって」によれば、実施設計に至る五回の議論の場を設けたほか、メンバー選定の段階で利用者（婦人層のほか青少年や高齢者も含めて）の立場、周辺住民の立場、公募による人選など幅広い選定を行い委員会の活性化をしていたことが伺える。

6　吉田雅雄・加藤秀治郎「政治参加のパラドックス」（加藤秀治郎、政治学の基礎、一芸社、二〇〇二年、一四四頁）において、社会経済的な地位説として、市民運動は、低所得者・低学歴者などより、高所得者・高学歴者といった社会的に恵まれた人々の方が多数参加しているという報告がある。

7　田中弥生、NPOと社会をつなぐ―NPOを変える評価とインターメディアリ、東京大学出版会、二〇〇五

8　内海宏・桜井悦子、協働における中間支援組織の登場と役割（横浜市調査季報一五二号、二〇〇三）において、横浜における中間支援組織を事例として、組織類型やその基本機能に関する報告がある。

1 草の根の中間支援組織が、次世代に続く運営の基盤を整えるまでのストーリー

認定NPO法人市民セクターよこはま理事・事務局長　吉原明香

「誰もが自分らしく暮らせるまちへ」市民セクターよこはまの二〇年変わらない理念を示す合言葉である。ありたい理想の暮らしを構想し、新しい仲間と深く語り合い、行動する人たちがいた。その理想に向けて、実践を通して市民性を育んできた。横浜市内各地で主に在宅福祉のまちづくりに取り組むそんな人たちが集まり、学びあい、高めあい、提言を続ける。そして新しい世代にバトンを渡す。横浜における協働の先駆者であり、サスティナブルな中間支援を実現しつつあるこれまでと、今後のビジョンを知り、横浜シチズンシップの未来を捉えたい。（編著者石井）

※執筆は二〇二〇年三月時点のものである。

1　活動実践者の声をもっと政策・制度に活かしたい

横浜は、ＮＰＯ等の市民活動も自治会・町内会等の地域活動も盛んな地域で、「自らのまちの課題はまず自らが取り組む」という高い自治意識をもった人や組織が少なくない。市民セクターよこはまは、そのような人や組織が集まってできた団体である。任意団体設立から二〇年が経ち、役員の顔ぶれは変わったが、ミッション・ビジョン・行動原則は受け継がれ、二〇代三〇代五〇代各世代の常勤職員に浸透しつつある。

二〇〇九年から、公設民営施設である横浜市市民活動支援センターの運営という大きな役割を担う機会をいただき丸一〇年。そこで得られたネットワークを活かし、中間支援組織としての役割を「さらに」果たしていきたいと考えている。

多様な主体とつながりながらも、草の根団体のネットワークとしての原点にある意味回帰し、一人ひとりの市民が主人公として、幸せと豊かさを実感できる市民社会の実現を目指していきたい。

著者は、一九九五年より、横浜市社会福祉協議会・横浜市ボランティアセンターにて、市民活動支援を担当していた。そこで、横浜市内の在宅福祉活動団体の数多くのリーダーの方々と出会い、その考え方・行動、すなわち「横浜シチズンシップ」に魅了された。

このすばらしいスピリットをもつ活動実践者の声が、もっと直接、政策や制度に活かされることで、この横浜はさらに良くなるという確信のもと、ＮＰＯ法成立と介護保険制度開始を前にした一九九八年「市民セクター構築のための研究会」という勉強会を呼びかけ、一年後任意団体である「市民セクターよこはま」が設立された。

著者は、二〇〇二年より市民セクターよこはま事務局長、二〇〇九年より当法人が横浜市市民局と協働運営する横浜市市民活動支援センター責任者を兼務している。

2　体の根っこ——活動の概要——

●ミッション

一人ひとりの市民が、自らの思いを実現するために行動するとともに地域や社会の必要を敏感に感じ取り、深く考え、果敢に行動し、責任をもって役割を担い、互いに必要な時は支えあう信頼と優しさを培い、自らの関わる社会の決定に参画し、必要があれば社会的な制度を創りだす、そのような自立した自治意識を持った市民社会の形成をめざします。

（設立趣旨書より）

当法人のミッションは、地域で暮らす一人ひとりへのメッセージともなっている。「市民」（citizen）とは、〝一人の人間として生活・暮らしを守る視点から、社会をよりよくしていくために、義務と責任を果たすために行動する人。〟と考えている。市民が連帯し、行動していくことで、生活者の視点のみならず地域の中の公共的な存在へと進化する。そのまちづくりの営みの中で、進んで地域のために何かできることをする人がますます増えていく。

そして、人々が自分の住む地域の課題を自ら発見し、解決のための方策を考え、行動する中で、いわゆる

「自治能力」を蓄えていく。判断力、企画力、合意形成力、実践力、民主力、問題解決力、連帯する力、主体性、提案力、情報共有、異質性・多様性の尊重、そして同時に必要なことはきちんと行政に提案できることも「自治能力」の一つである。

このような人や、そうした人たちが住むまちが、この横浜には、すでにたくさん存在している。そこに蓄積されたスピリットやスキル、ノウハウが世代を超えて受けつがれ、拡がり、〝自立した個人・支え合う地域・暮らしやすい社会〟へとつながっていくために、できることを考え実行すること、これが当法人のミッションである。

また、ミッションを実現するための行動原則がある。左記がそれをまとめたものになる。社会ビジョンと共に示す。

●目指す社会ビジョン

—自立した個人—
自らを尊び、
互いを認め合う

—支え合う地域—
自ら行動する市民が、ネットワークで支え合う地域

—暮らしやすい社会—
すべての一人ひとりの人の暮らしと政策がつながる社会

●市民セクターよこはまの行動原則

- 当事者（問題の中心にいる人・現場）を真ん中に
- 協働すること、さまざまな人の参画プロセスを重視
- 政策提案の視点をもつ
- 既成概念にとらわれず、最善のやり方を常に模索する
- 現状を評価し、常に改善する
- なければ創り出す

3　活動概況

(1)現在の主な事業

現在の主な事業は、左記のようになっている。継続は力なりを実感している。

〈地域支援部門〉

- まちかど（認知症）ケア事業〔二〇〇四〜〕
- 福祉サービス第三者評価事業〔二〇〇四〜〕

〈市民活動支援部門〉

- よこはま地域づくり大学校〔二〇〇九〜〕

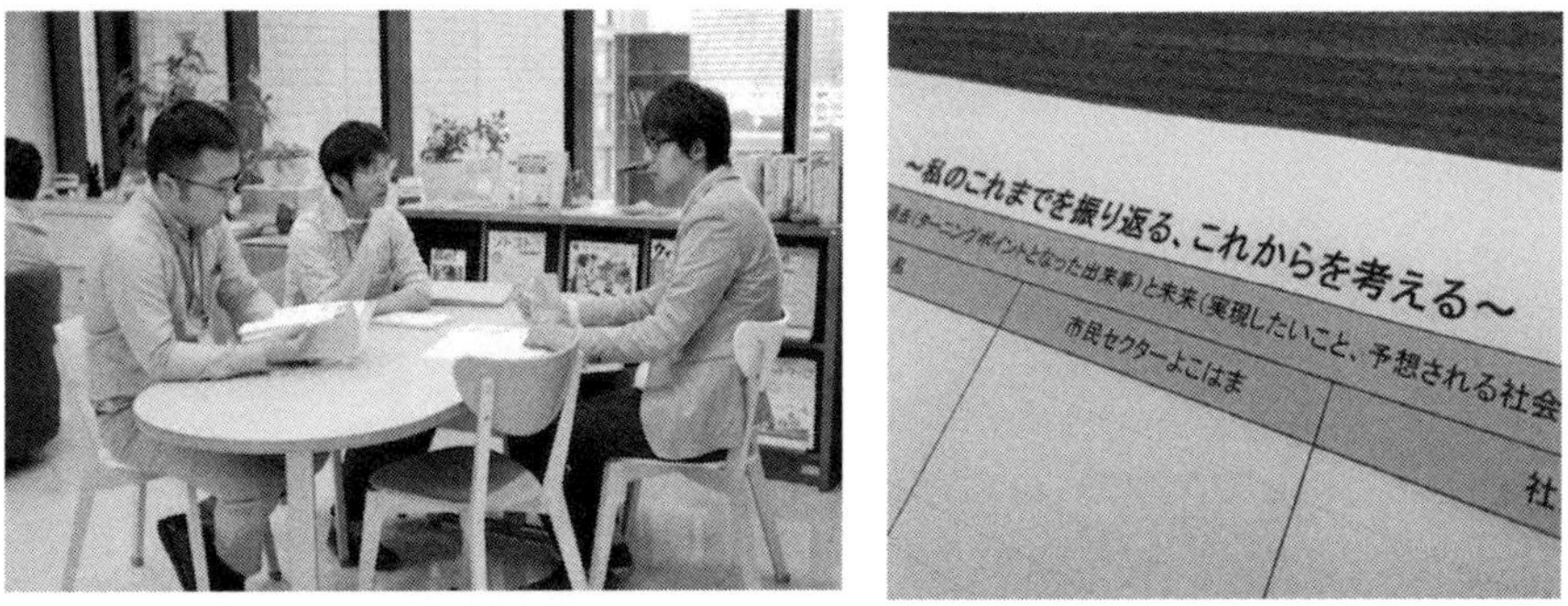

写真１　団体の理念を学び、また、自分や社会ビジョンを共有する。

・横浜市市民活動支援センター運営〔二〇〇九～〕
・にしく市民活動支援センター運営〔二〇一四～〕

⑵年間の予算

約九六、〇〇〇、〇〇〇円

（内訳：横浜市市民活動支援センター約四二五〇万円、にしく市民活動支援センター約二〇〇〇万円、福祉サービス第三者評価事業約一〇〇〇万円、地域づくり大学校関連約四〇〇万円、まちかど（認知症）ケア関連約六〇〇万円、その他約一二〇〇万円）

⑶職員の数

常勤職員九名
非常勤職員一四名
ボランティアスタッフ二名

4　事業展開の特徴

⑴その１：協働事業のメリットを最大活用する――まちかど（認知症）ケア関連事業と横浜市市民活動支援センター事業を題材に――

協働事業との向き合い方

まちかど（認知症）ケアとは〝認知症になっても、住み慣れた地域で、安心して自分らしく暮らせるまちづくり〟をキャッチフレーズに二〇〇四年より活動を始めたものである。

きっかけは、横浜市内の在宅福祉のＮＰＯ法人の理事長で当法人役員（二〇〇四年当時）であった濱田静江氏と桜井正子氏が、これから認知症の方がどんどん増えていく中、できるだけ長く在宅で暮らせるよう、認知症ケアに力を入れようと始まった。事務局体制もスキルも脆弱なこの時代、法人役員がボランタリーに関わり、事業を起こしていくことが多かった。認知症ケア以外にも、精神障がいのある方にヘルパー派遣が始まったときには、当時の横浜市衛生局へ働きかけ、ヘルパーさん向けのスキルアップ講座の開催を協働実施。また、助成金を申請し、ヘルパーさんの力を借りて、精神障がいのある方本人に聞きとり調査をして「サラバ日課表」という、啓発冊子を作成した。その時々の課題が現場活動者の役員から持ち込まれ、現場実践のエピソードを次から次へと湧くように話す当時の役員のエネルギーに押された市役所所管部署を巻き込み、少額ながら財源を得てかたちにしていくというスタイルがこの頃出来つつあった。

二〇〇五年よりは、横浜市健康福祉局等との協働事業として、認知症サポーターキャラバン（厚生労働省がすすめている認知症啓発キャンペーン【二〇一九年三月三一日現在】サポーター数：三〇〇、五〇三名 キャラバン・メイト数：三、八二八名）の事務局を担っている。

この協働事業により、認知症に関わる施策全般の情報が得られた。自主事業を通した気づきなども行政や関係機関、活動実践者と共有することで、提言・提案につなげている。二〇一九年現在の認知症関連自主事業としては、以下のようなものがある。

①介護職員向け本人本位のケアの普及に向けた三回連続講座（二〇〇四～）

②認知症カフェフォーラム（二〇一五〜）
③認知症カフェ設立講座（二〇一七・二〇一九）

このように、行政と協働で事務局運営を担うことで、安定的な事務局運営（財源確保）、広報ルートの確保、ネットワークの広がり、呼びかけの正当性の獲得、専門性の蓄積が可能となる。このことにより、当法人の設立理由のひとつである、「生活と政策がよりつながる社会」へ向けた役割を果たしえると考えている。以上を整理すると次のようになる。

①行政と接点を持ち続けることで、問題の当事者また活動実践者の声を政策につなげる
②活動実践者へ直接情報発信を行い、学び合う機会を現場参画で継続的に実施することで、

- 活動実践者が、活動実践に資する情報や先進事例を知ることができる。
- 市民性を活かした専門スキルの獲得の機会を得ることができる。
- 自らの活動を俯瞰的に見る視点が育ち、次のビジョンを描きやすくなる。
- 行政や社会に向けた提言・提案につながる実践事例が数多く生まれ、市民としての提言・提案力がますます増していくことにつながる。

こうした事業の進め方は、今では認知症ケアに限らず、当法人のほとんどの事業で行なっている。しかし、いわゆる中間支援としての活動であるため、団体設立当初は、財源と位置づけの確保の両方が難しいのが現状であった。それが少しずつできるようになってきたのは、設立から六年たった二〇〇五年ごろからである。

写真２　横浜市との最初の協働事業「市民活動共同オフィス」の建物は歴史的建造物であり、協働事業第一号ということと合わせて大きな話題となった。

中間支援組織としての「位置付け」「財源」の展開

前述のように筆者は、二〇〇〇年まで六年間、横浜市社会福祉協議会・横浜市ボランティアセンターの職員であったため、財源や位置づけがあることによるメリット、一方外郭団体として自由な取組を行いにくい場合もあるというデメリットの両方を知っていた。

当法人は、二〇〇二年一〇月から、「横浜市市民活動共同オフィス」の管理運営団体（横浜市市民局が公募）を担っていた。それまで、ほとんど実績らしい実績はなかったが、本命視されていた中間支援組織が応募しなかったことや、当法人が提案書に企画した「協働のあり方研究会」が評価され、委託につながった。責任者には、当時の理事長で、当法人の理念・行動原則・考え方の礎をつくった松本和子氏の活動エリアである戸塚区ドリームハイツから故　泉一弘氏が就任され、自治の学校と言われるドリームハイツ文化を共同オフィスにもたらしたのであった。

しかし、その場所（横浜の馬車道にある旧富士銀行という歴史的建造物）も、横浜市が東京芸術大学を誘致したことで、二年後閉じられた。

半年の契約期間が残っていたにも関わらず、管理運営受託が終了するというこの経験から、行政との関係では、こういう理不尽なことが起こる、「それに備える」ということを学んだ。

紆余曲折がありながらも、二〇〇五年四月から始まる「第二次横浜市市民活動共同オフィス」管理運営団体に再び選ばれた。責任者に本ブックレットの編著者であり、当時大学院生の立場で、当法人と共同調査に取り組んでいた石井大一朗氏を迎え、これまでの第一次の管理運営の経験を基盤にしつつ、若い視点を入れて（当時三二歳）、徐々に安定した運営ができるようになっていった。また協働のリーディング事業だったこともあり、協働の協定書や検証に関して、行政と数多くの新たな試みに取り組んだ。

東京芸術大学の誘致により、市民活動共同オフィスが移転した場所は、現在の横浜市市民活動支援センターと同じクリーンセンタービルの7Fであった。横浜市市民局は、数年後に「横浜市市民活動支援センターと市民活動共同オフィスを統合する」、市民活動支援センターは「運営委員会方式からNPO法人運営へ転換する」これらの方針を打ち出した。

中間支援としての最大の課題「財源と位置づけ問題」を解消するため、プロポーザルに挑戦することにし、せんだい・みやぎNPOセンターを始めとして、名古屋、岐阜、奈良、滋賀、京都、大阪、岡山などの、市民活動支援機能をもつ民間・公設民営拠点へ視察に行き、次の支援センターの姿を模索するなど、準備に約三年をかけた。

ちょうどこの頃、二〇〇八年より、当法人の理事長が中野しずよ氏となった。横浜市瀬谷区でＮＰＯ法人ワーカーズわくわく理事長と当法人の理事長を兼務で担っていただいた。（現在、ＮＰＯ法人ワーカーズわくわく理事長は退任）

ＮＰＯ法人ワーカーズわくわくは、有償ボランティアといわれた主婦の集まりだったたすけあい団体の時代から、二〇〇〇年以降介護保険事業とたすけあい事業の両方の事業を行い、その後、職員九〇名・予算規模数億円の組織へと発展していた。

その変化の時代を乗り切った経験のある方が理事長になったことで、当法人も二〇〇九年ごろより、「組織的な運営」を意識するように変わりつつあった。

さて、市民活動共同オフィスの運営を計六年間経験した当法人は、判断力、企画力、合意形成力、実践力、民主力、問題解決力、連帯する力、主体性、提案力、情報共有、異質性・多様性の尊重など、いわゆる「自治能力」に近い力を蓄えることができつつあった。そうして得た力を、提言力に磨きをかけつつ、先進事例からの学びと統合して、渾身のプロポーザル提案書を半年かけて練り上げることができた。

市民性を真に持ち続けるために

二〇〇九年六月プロポーザルで選ばれ、七月より二〇一九年現在約一〇年間（途中五年目に再選考を経て）横浜市市民活動支援センターの管理運営を担っている。

行政委託で市民活動支援センターなど公設民営施設を運営することは、財源や位置づけ、提言のしやすさなどのメリットがある反面、行政の一部になり「市民性の真の確保」が、難しくなってしまうというデメリット

写真3　事業を通して、ブックレット（知恵袋シリーズ）を度々発行した。写真は、地域づくり大学校で講師を務めた実践者の経験と知恵をまとめたものである。

が確かにある。そのデメリットを限りなく無くしていくためには、行政所管部署と信頼関係を構築しながらも、時に対峙していく気概をもって接していく必要があり、絶妙な距離感が大事になってくる。組織文化の違う相手と、目的や手段を擦り合わせ、役割分担して、ともに汗をかき、実践者の参画を仕組み、結果を出していってこその提言力であるから、とても手間がかかる。

具体的には事業ごとの内部ミーティング、協働相手の行政所管部署との打ち合わせ、活動実践者を交えた会合や企画会、その調整・意見を活かした外部向け研修、その集大成として行う社会へ向けた提言的な大規模フォーラムが一連の流れになっている。

当初は、行政と公設民営施設としての当法人が事務局を務める場合、市民参画の会議の場面では、センター職員として事務局としてふるまう職員と、法人、つまり一NPOとして、市民セクターよこはまとして発言する役職員をわけ、会議の始めにあらかじめ宣言する、といった会議の場面での立場の明確化の工夫をしていた。

こうすることで、行政とタッグを組み事務局としてよい場をつくっていく役割と、市民として提案力・提言力を発揮する役割の両方が可能となり、会議運営やNPO同士の付き合いがスムーズになった。

そのような中、横浜市市民局から、わざわざ立場分け宣言をしなくても自然体で両面の働きを同時にしても良いのではという提案があり、さらに楽になることができた。かってに力が入っていたようである。

⑵その2：問題意識を提案書や意見として表明し、調査を行い、自らを育てる　――よこはま地域づくり大学校開校までを題材に――

事業はつながり、花を咲かす

二〇〇九年一月横浜市市民局から、おもしろい枠組みの助成金の公募があった。二〇〇万円×最大継続五年間、合計一〇〇〇万円の助成金を出すというものだ。市民活動支援に資する人材育成・ネットワークづくりなど、テーマの設定もゆるやかで、これまでやりたくても財源と位置づけが不足してできなかったものが何でもやれる！と考えた時に、浮かんだのが「よこはま地域づくり大学校」だった。

横浜では長らく自治会・町内会などの地縁組織とテーマ型の組織が力を併せられたら、本当によいが……、というようなことがよく言われていた。若い世代も入職し、今なら、五年間かければ、風穴をあけられるかもしれない、と自治会・町内会で活動する方々を第一のターゲットとして人材養成の連続講座一六回を企画し、採択された。

この企画ができたのは、実はその前の五年間があるからである。二〇〇四年七月横浜市政策局が募集した市民が行政と協働して政策を考える「横浜会議」という事業が始まり、研究テーマを提案、採択された。「〝暮らしを支える生活術マトリクスモデル〟作成と市民力を活かした新システムの研究」という事業で、何かしら暮らしの不便がありそうな、後期高齢者、障がいのある人やその家族、子育て中の人たちが、どのようなサービスを利用しながら暮らしているか一〇〇インタビュー調査を行い、二〇〇五年報告書にまとめた。

また、二〇〇六〜二〇〇八年には、「地縁型組織とテーマ型組織の協働モデル事業」において、この性質の違う両組織をどのように支援すればそれぞれの良さを発揮できるのか、横浜市健康福祉局との協働事業としてマニュアル冊子を作製したこともあった。さらには、横浜市泉区役所の職員プロジェクトの一環で、約一五〇の自治会・町内会を対象として詳細な活動実態調査を行ったこともあった。

十分にない調査研究の力、どう獲得するか

当法人の問題意識を提案書として、また様々な機会に横浜市に表明し、それが、たまたま政策課題と合致していたこと、石井大一朗氏が慶應義塾大学 SFC の研究員と当法人職員を兼ねていたことで、同大学の大江守之研究室との連携が可能となり、大学と連携した調査研究を行うことで、当法人に十分になかった調査スキルを得ることとなり、調査機関ではなかったにも関わらず、多くのチャンスをいただくことにつながった。

中間支援が組織として力を蓄えていくときに、調査事業に関われたことは本当にラッキーだったと捉えている。協働事業などを行う際に、提案内容や事前・事後に調査事業の提案を行い、力不足は外部から借りながらでも、やり遂げることは、本当にお勧めである。これらの調査が、二〇〇九年から現在に至るまで続く、「よ

こはま地域づくり大学校」の原肥となったと考えている。

⑶その3：委託事業と別に自主財源の柱をもつ――福祉サービス第三者評価事業を題材に――

現場視点から生まれる自主事業

前述の動きと並行して、当法人は、二〇〇四年一一月より福祉サービス第三者評価事業を開始していた。これは当時の副理事長の故増田逸朗氏が、元有料老人ホームの施設長経験があり、かつ障害者施設の第三者委員をされており、福祉施設が健全であり続けるためには、第三者評価が大事であるとの確信と認識のもと、早い時期に準備に取り掛っていた。

増田氏は横浜市健康福祉局の第三者評価推進の委員として提言も重ねながら、当法人評価事業の草創期の礎を築いたのであった。

この事業は、保育園、障害者施設、高齢者施設などが主な対象であるが、当初調査費用の六〇万円（限度額）全額が横浜市の補助であった。ところが補助が打ち切りになり、各施設の負担となると、極端に評価費用を安くする評価機関が現れ、入札で決める施設もあった。しかし価格を下げると評価調査員の報酬も下げることになり、質の低下を招く恐れもあった。

当法人理事会は、このとき適正な料金のまま、それでも良いと依頼してくる施設だけを受けようと決断し、評価調査員の報酬はむしろアップした。その後数年経って保育園については、また全額補助に戻り、質を落とさず効率的に進めるコツもわかり、良い調査員も確保できて、今では当法人の大きな自主財源の柱となっている。

自主事業は自尊心を育む

いわゆる大口委託の支援センター事業があってもなくても、わたしたちには福祉サービス第三者評価事業がある。このような財政の基盤は、行政などに提言する際や、理不尽な物言いがあったときに、きちんと反論するためにも必要だ。

また職員が安心して働き続けるためにも必要なので、自主事業の新しい芽を常に発芽させていくことが重要だ。

5　これからの一〇年に向けて

⑴新しいステージ

一九九九年、当団体は、設立時のパンフレットの冒頭で、「市民セクターよこはまがめざすもの」を三つ示している。その内の二つ目は、「それぞれの違いを認め、理解し、大きな視点と共通認識を持つことで、協同・協働事業の実施や政策提言、商品開発の提案など、社会的な力に変換していきたいと考えています。」としている。「協働」はわたしたちの大事な理念の一つであり、社会的課題の解決に向けて力を結集していくことを謳ったものである。

それから二〇年、従来の行政によるサービス、地域活動やＮＰＯを中心とした非営利の活動だけでなく、企業によるビジネスも含めて、それぞれが力を合わせて、社会的課題解決を目指し、結果につなげていくこと、言い換えれば「非営利・企業・行政の各セクターが、垣根を越えて課題解決に向けて協力し合うことに挑戦する時代」がいよいよ整ってきたと感じている。

(2) 5年後に向けた到達・方向性イメージ

これまでどおり、草の根団体のネットワークを原点とする当法人の理念に基づき、活動の当事者が相互に学び合い・支え合う環境づくりを中心に、市民活動や地域活動の支援、そこにつながる政策提案に力を入れていくことに変わりはない。

設立時のパンフレットにはこういう文章もあった。「何もハンディのない人っている?みんな何かしら弱さをもっている。高齢者から子どもたちまで、地域の中で市民が共に生き、共に支え合うまち・社会を目指そう。」自分もマイノリティーの一人であることの自覚と、そこに寄って立つからこそできることがある、という市民活動の価値の発信、そして自分たちの活動への自信が感じ取れ、このことは、これからも大切にしていきたい当法人の大事な活動のスタンスである。こうした考えをベースに持ちつつ、今後を見据えて、次のような二つのビジョンとそれぞれに対応した具体的な目標を掲げる。

> a　人・資金・知恵が集まる「プラットフォーム」のさらにプラットフォームになるという視点を持って、当法人の可能性を拡げ、発展させていく体制づくり・拠点整備の準備を進める。

なんとなく社会に良さそうなことをやっている、という時代から社会的インパクト(具体的な目に見える効果)をベースとした視点への進化が求められている。もちろん、開拓的・先駆的な段階においては、また内容によっては、そうした効果を測ることは難しく、別に考える必要があるが、「数や目に見える具体的効果を意識する」、「評価指標を自ら設定する」、「効果を測る」、「より社会に対してインパクト（効果）を出していくために協働は必然」という認識については、これまで十分ではなかったため、より自覚した活動を展開していく必要がある。

二〇二〇年を目途に、さまざまな課題解決に向けたプロジェクトが、立ち上がり、そこで自由闊達な議論がなされ、プランが揉まれ、具体策につながっていくことを支援していく組織となっていく。

そのためには、これまで以上に、一団体ではやらない、できないという自覚の元、さまざまなパートナーとともに、人・資金・知恵が集まる「魅力的なプロジェクト・楽しくやりがいのあるチームづくり」の支援という視点を持って当法人の可能性を拡げ、社会課題解決に向けてボーダレスにソーシャルの取組みを発展させていく体制づくりを進めていく。

b　非営利・企業・行政、それぞれの組織の強みを持ち寄って、真剣に社会的課題解決に取り組める社会を目指す。

セクターを超えて、人と人が交ざり合い、それぞれの能力を発揮しながら、自分や家族の幸せ、団体（会社）や顧客の幸せ、そして社会みんなの幸せをバランスよく目指していく社会をつくっていくことに貢献できるようになることを目指す。この貢献には、組織レベルから、より高い「社会システムレベルへの視点の進化」「立ち位置の進化」が求められる。そこで具体策としては、次の三つがある。

①新市庁舎「市民協働推進センター」運営への参画を目指す。

（二〇一八年〜二〇二〇年）

二〇二〇年開設予定の新市庁舎内「市民協働推進センター」は前述の中期ビジョン案と趣旨を同じくする機能がその一部に想定されている。また、当法人が一〇年間担ってきた横浜市市民活動支援センター機能の一部も、引き継がれる。そこで、二〇一九年度は、本格化していく機能と実施システムの類似事業に先行して取組み、プロポーザルに挑戦する。

②「市民社会ネクストステージ研究会」について、民民のゆるやかなネットワークづくりを進める。（二〇一八年〜二〇二〇年）

協働した展開により、非営利・企業・行政の各セクターが、垣根を越えて課題解決に向けて協力し合うことに挑戦し（トライセクター）、結果につなげていくことの経験値を高めていく。

③若手職員からの提案を積極的に取り入れ、新規自主事業を起こしていく。

人材難の時代に二〇代三人、三〇代二人の五人の若手が当法人には在席している。次世代を担うこれらの職員が、現場性・当事者性・相互性という当法人が大事にしてきた特性を引き継ぎつつも、新しい発想の事業を起こしていけるよう法人として職員が育つ環境をさらに整えていきたい。

⑶横浜シチズンシップを進化させるミッション・ビジョンの継承

刻々と状況が変化していく現代にあって、未来を予見してビジョンや具体策を検討しても、環境が変わり、与条件も変わっていく可能性がある。しかし、先述したような二つのビジョンは、実は二〇年前に、当団体が任意団体として発足した時のビジョンの延長でもある。当団体は、公設民営の市民活動支援センターを受託し、かつ法人事業と兼務して業務に携わってきたことで、中間支援組織としてのスキルと市民活動マインドの両方が身についた職員が、各世代に複数いる。これからを担う人材にミッション・ビジョンを引き継ぐ意味においても、ここまでに示したものは、大事な中期ビジョンおよび具体策になると考えている。

改めてこの二〇年を振り返ってみると、草創期また歴代の役員の方々が、地域で活動現場を持ちながら、当法人で事業を起こし、財源をつくり、事務局を育てていただいたから今があること、また協働のパートナーとして、力不足の時代から真摯に向き合って、事業をともに創っていった横浜市職員の多くの方々の支えがあったから、今があること、そして当法人の事務局の一員として、自らの志を組織のミッションに重ねて、昼夜なくともに活動した職員がいたから今があること、こうしたことを改めて確認する機会となった。皆様に感謝をしつつ筆をおきたい。

参考文献

廣瀬隆人『生涯学習・社会教育・まちづくり・市民活動の基礎』
石井大一朗・吉原明香「暮らしを支える生活術マトリクスモデルの作成と市民力を活かした新システムの研究」『横浜市調査季報一五七号』、二〇一二・一〇

2

地域ぐるみ子育てを支える当事者による中間支援のかたち

――生活者目線であること、そしてその役割と限界を知ること

NPO法人はぐっと理事長　山田美智子

第一子を産み育てる人の割合が市内随一の横浜市西区を活動エリアとするNPO法人はぐっとは、「ちょっと前に子育てを始めたお母さん」として、女性の視点から当事者の暮らしに寄り添うことを大切にしている。横浜シチズンシップを持つ先輩NPOから理念を受け継ぎ、新しいメンバーでNPOをつくった。横浜の市民社会を、世代を超えて創り出す原型のようでもある。当事者ネットワーク、リーダー層のネットワーク、身近な地域だからこその分野を超えたネットワーク、三つのネットワークに支えられ、育まれてきた新しいNPOの姿を知り、市民社会を市民が担うことの核心に迫る。（編著者石井）

※執筆は二〇二〇年三月時点のものである。

1　つながる私たちの声

NPO法人「はぐっと」設立趣旨書より一部抜粋

私たちが暮らす社会は、少子高齢化や核家族化、都市化により、人間関係と地域社会の希薄化が進んでいます。そして子どもの社会では、遊び場の減少、学級崩壊、不登校など、様々な課題が生まれています。乳幼児を育てる家庭では、今もなお、母親が一人で育児不安を抱え、孤独感と重圧にストレスを感じています。

東日本大震災を経験した私たちは今、子どもを中心とした新たな地域づくりの必要性を感じています。新しい時代を担う子ども達の健全な育ちを支えるための支援は、まず、乳幼児をもつ家庭の支援から始まります。孤独な子育てから、子育ての仲間を作り、地域と

写真1

「つながる子育て」への転換が必要です。私たちは、子育て家庭の豊かな生活の営みと、子どもの健全な育成をめざして時には手を貸し、時には手を借りながら、お互いの想いを受け止め、共感し、伝えあいながら、子どもを中心とした心地よい人間関係と温かい地域づくりに寄与することを願い、ここに「特定非営利活動法人　はぐっと」を設立いたします。

2　NPO法人たすけあいぐっぴいとの出会いと「はぐっと」の誕生

⑴前身があり、今がある

「はぐっと」の設立には前身となる法人「NPO法人ワーカーズ・コレクティブたすけあいぐっぴい」（以下、ぐっぴいと称する）の存在がある。ぐっぴいは、地域に必要なサービスを市民事業化するために、地域住民が出資し、全員が経営者として事業を運営すると同時に、労働にも参加する事業体である。生活クラブの一二名の主婦が「いつかは自分も利用することになる家事介護サービスを地域に根づかせたい」と一九九八年に設立したのがぐっぴいである。ぐっぴいは、まず、家事介護のホームヘルパー派遣事業を開始した。これは後に介護保険事業所となった。また、利用者の声から事務所の一角で子どもの預かりを始め、これがやがて認可外保育施設「ひよこの保育室」の運営へと発展することとなった。

二〇〇五年、著者は、区役所の区づくり事業であった子育てマップの作成メンバーに応募し、そのメンバーの一人として、わが子を連れて区内の幼稚園・保育園・子育て支援事業等を取材していた。その後マップ作成の仲間と一緒に、子育て情報紙の発行や親子向けのイベントを開催していた。区づくりの予算には限りがあり、活動費に苦慮していたため、ある子育て支援活動者の先輩の一人がぐっぴいを紹介して下さり、生活クラブの市民活動助成金を得るきっかけとなった。

同じ時期、横浜市内の各区に一つ、設置しつつあった地域における中核的な子育て支援施設「地域子育て支援拠点」の運営法人の公募があった。拠点の必要性を、自らの活動から感じていた著者は、法人のメンバーとなり、拠点のプロポーザルにぐっぴいの先輩達と一緒に応募することとなった。

そして二〇〇九年に「西区地域子育て支援拠点スマイル・ポート」の運営法人に選定された。当時ぐっぴいには、その他に、サービス付き高齢者向け住宅「プエルト横浜」の運営、ばぁばの家「あさだ」(後に、ぐらんまのいえとして、親と子のつどいの広場事業受託)の事業開始と、大きな新規事業三つが同時に進行していた。その後、法人規模が大きくなりすぎることを懸念し、高齢者支援・介護保険事業と子育て支援事業を分割することとなり、ぐっぴいの理念を引き継ぎ新法人として、二〇一二年、NPO法人「はぐっと」を設立した。

(2)三〇代から七〇代のスタッフは同じ立ち位置で

ぐっぴいの理念を継承していることから、はぐっとの組織内にも、トップダウンの構図はなく、三〇代から七〇代までの、どのスタッフも同じ立ち位置として、法人運営に携わっている。各部門のスタッフ会議では、一人ひとりが意見を出し合いながら、丁寧に合意形成し、お互いを尊重しながら、日々活動している。この姿勢が、利用者の立場を思いやり、真摯に向き合う活動姿勢につながっていると考えている。

つたえる ひろがる
つながる子育て
子育て家庭の豊かな生活の営みと子供の健全な育成を目指しています

写真2

3　まちを知りニーズを知る

(1)「NPO法人はぐっと」の活動エリア「西区」の概要

（横浜市西区ホームページより抜粋）

NPO法人はぐっとは、横浜市西区を中心として活動を展開している。活動するエリアは以下のようになっている。

・面積：六・九八㎢（行政区一八区中一八位）

横浜市のほぼ中央に位置し、市内で二番目に小さい南区（一二・六三㎢）と比べても約半分の大きさである。

・人口：一〇〇、二〇九人（一八区中一八位）＊

平成三〇年二月一日現在

・世帯数：五三、一四七世帯（一八区中一六位）

横浜市全体の人口は平成三一年にピークを迎えると推計されているが、西区の人口はその後も増加し続けると予想されている。面積、人口とも横浜市内最小規模であるが、開港以来の歴史と下町情緒を残す「既成市街地地域」と横浜駅周辺地区やみなとみらい二一地区などの「都市部」が共存している。住宅地の広がる既成市街地は、特に山坂が多く、特徴のある地形となっている。また、横浜駅やみなとみらい二一地区周辺には、首都圏有数の商業・業務地域が集結する。横浜みなとみらいホールをはじめ、横浜美術館、横浜能楽堂等、文化・芸術施設も数多く整備され、パシフィコ横浜では、国際会議や大規模イベント等が数多く開催されている。

(2)第一子を産み育てるとはどういうことか——不安を軽減するために——

既成市街地における再開発に加え、みなとみらい二一地区には高層マンションが建設されているため、今後も乳幼児人口の増加が見込まれており、平成三〇年四月にはみなとみらい地区において、西区では六二年ぶりとなる、一〇年限定の「みなとみらい本町小学校」が開校した。

西区における子育ての状況で最も特徴的なことは、第一子率が五五%と極めて高いことである。出産前に乳幼児に接する経験の少ない女性が、西区で赤ちゃんを産み、母となって初めての子育てをスタートする。これは、子育てに対する不安やストレス度が非常に高いことを示している。そのうえ、高いキャリアを持つ女性も多いことから、周囲に手を借りることに苦手意識を持つ様子も数多く見られる。その後、出産から1年程度でわが子を保育園に預け、復職する母親も多いため、妊娠中や産後まもなくから、保育園の入園に関する不安も依然として高くみられる。

西区は生活の便は大変良いが、子育て中の世帯の約八割が、周囲に気遣いの必要なマンション等の集合住宅に暮らし、その上、子どもがのびのびと遊べる自然豊かな環境も少ないため、子どもの心身への影響を懸念する声もある。第二子の誕生や、子どもの成長を機に、環境を整えるために、西区から転出する子育て中の世帯も多くみられる。

4　地域でつながる「はぐっと」の事業

上述したような西区の実状を踏まえつつ、はぐっとは法人設立後、いくつかの事業を展開してきた。事業の概要を紹介しつつ、取組を通して見えてきた子育て支援における市民事業の要点を確認したい。

(1)一時預かりのニーズ、配慮の必要な子ども、多様化するニーズに柔軟に対応――認可外保育施設「ひよこの保育室」を通して――

一時間単位で利用できる、一時預かり専門の保育室。「横浜市乳幼児一時預かり事業」の事業者としても選定されているため、市内在住者の利用料金は一時間三〇〇円（利用時間数に上限あり）、生後五七日から利用可能である。

保護者の心身の不調、リフレッシュ、就労、ダブルケア、きょうだい児の通院等など、預ける理由は様々である。保護者の状況や、区役所の紹介等により、緊急での一時預かりに応じることもある。一時預かりのニーズは非常に高く、市内全域で充足されていない状況である。ひよこの保育室も連日キャンセル待ちの状態が続いている。

また、配慮を必要とする子どもが多く、スタッフを基準よりも多く配置することもある。そのため、人件費の比重が高くなり、運営面には工夫が必要であるが、保護者と子どもの不安に寄り添い、安全な保育を行う上では、必要なことと考えている。

(2)「支援しすぎない」関わり――産前産後ヘルパー派遣事業(生活支援事業)を通して――

産前産後の間に心身の不調などによって家事や育児に支障がある家庭に、一時間単位でヘルパーを派遣。「横浜市産前産後ヘルパー事業」の事業者としても活動している。

ヘルパーへの依頼内容として多いのは、お掃除やお食事づくり、沐浴の介助等である。ヘルプに入る前には必ず、コーディネーターが訪問し、保護者や家庭の状況を把握し、支援の内容や回数を話しあいながら決めている。女性の一生の中で、最も変化の大きい産前産後の時期の支援は、非常に重要であると同時に、「支援しすぎない」という姿勢も必要である。保護者の力を奪ってしまうのではなく、尊重し、寄り添いながら、役割をもって支援することで、保護者自身がだんだんと力を付け、やがては自分でできるように、支援の方向性を見極めていくことも大切である。こうした視点は、営利企業ではない、利用者と同じ経験をしてきた当事者の視点に立つ市民活動団体だからこそ持

写真3　ひよこの保育室の様子1

写真4　ひよこの保育室の様子2

ち続けることができると考えている。

⑶子どもを見守る目となり手となる――出張型保育サービス「コアラの会」を通して――

乳幼児を持つ保護者向けの講座や研修会、イベント等の会場に併設される託児スペースに保育者を派遣している。区内スポーツセンターや市民活動支援センターでは、定期的に一時保育を担当する他、区内小学校の入学説明会では、きょうだい児の見守り保育も担当している。短い時間の預かりであっても、保育者が保護者と子どもの気持ちを理解し、気持ちよく預けられるよう、保護者とのコミュニケーションを大切にしている。また、各派遣先での安全確認のため、災害時の対応については、依頼者と丁寧に打ち合わせを行っている。核家族化し、地域のつながりも希薄な中、地域における子どもを見守る目となり、支える手となり、子どもはもちろん、家族を支える視点を持って活動している。

⑷市民と行政が協働で進める地域ぐるみの子育て――西区地域子育て支援拠点「スマイル・ポート」(以下、スマイル・ポートと称する)を通して――

地域に根付いたNPO法人が運営を担う

市内一八区に一館ずつ整備された、子育て支援における中核的な施設である。乳幼児人口の増加が見られる区においては、サテライト拠点の設置が進められている。

一八拠点のうち一三拠点が、はぐっとのように、各区の地域性を把握し、地域に根付いた活動をしているNPO法人が運営を受託している。予算規模も大きく、事業も多岐にわたる地域子育て支援拠点を地域のNP

O法人に委託するということは、「横浜の子育て支援は市民と協働で行う」という姿勢の現れでもあると考えている。各拠点が共通して持つ機能は次の七つである。

①保護者と子どもが遊び、交流できる「ひろば」
②子育ての相談（ひろば相談・個別相談・専門家による相談）
③子育てに関するあらゆる情報の受発信（情報を集約し、受け手に合わせた形で発信）
④子育て支援に関わる人々のネットワークづくり
⑤子育て支援に関わる人材の育成と研修
⑥ファミリーサポート事業「横浜子育てサポートシステム」事務局

小地域での預け・預かり合いの関係をすすめる「横浜子育てサポートシステム」の区支部事務局としてコーディネーターが常駐している。ここ数年は、預ける側の利用会員（依頼者）のニーズが複雑化・多様化し、既存の支援や制度では対応できない狭間の

写真５　スマイル・ポートの日常の様子

ニーズが多くなっている。ひとり親家庭や、障がい、精神的疾患等の複合的な課題をもつ家庭や、専門的な対応を必要とする依頼が急増している。一方、預かる側の提供会員は一定の研修を受けることにはなっているが、有償ボランティア、地域の支え合いとして、活動への想いを持って取り組んでいるため、これらの依頼内容に対応できる会員が一部に限られてしまうことや、コーディネーターは提供会員を守る必要もある。

事業そのもののあり方について、市社会福祉協議会（本部事務局）や行政と協議し、新たな支援制度、施策を作ることが喫緊の課題となっている。

⑦利用者支援事業（基本型）「横浜子育てパートナー」

二〇一六年一月より、子育てに関する総合的な相談支援として専任スタッフ「横浜子育てパートナー」が各拠点に一名配置されている。子どもの健康や発達、就園や就学、保護者自身の生活や仕事、健康状態、家族関係、離婚やＤＶに関する相談など、多岐にわたる相談の窓口となっている。親子の日常に寄り添い、傾聴し、相談を整理しながら、拠点がもつ「ひろば」やネットワークの機能を十分に活用し、必要な社会資源をつないでいる。子育て中の親子にとっては、敷居の低い日常の居場所で、気軽に相談ができる点、そして子育てパートナーにとっては、家族全体の有り様と、些細な日常の変化を確認できるため、予防的観点からも、子育てパートナーが地域子育て支援拠点に配置された意義は非常に大きいと感じている。事業の継続とともに、地域に浸透し、内容が深化するため、子育てパートナーのスキルアップやスーパーバイズなど、行政と共に、体制を強化する必要がある。

地域につながりを作るスマイル・ポートの活動

三〇年度は、年間利用者数は約二八、九四一人、一日あたりの利用人数は約一一七人である。利用者の約七割が、〇歳と一歳のお子さんを持つ家庭となっている。

スマイル・ポートでは、アウトリーチに特に力を入れている。きっかけは二〇一〇年のAPECである。みなとみらい地区は厳戒態勢となり、乳幼児をつれた親子にも、テロの不安を感じさせる状況であった。そこで本会議の開催される一週間スマイル・ポートを閉館し、そのかわりに、おもちゃや絵本を自転車に積んで、地域ケアプラザや町内会館などに出かけて行う出張サロンを開催。そこでスタッフは、スマイル・ポートで待っているだけでは、出会えない多くの親子がいることを実感し、二〇一一年より地域子育てサロンの新設とアウトリーチに本格的に取り組むこととなった。

二〇一九年現在、地域住民主体となり、地域ケアプラザや町内会館等で開催している、親子ふれあい会・子育てサロン等は一二ヶ所。中には、拠点が開設される以前から、活動を継続している居場所もある。それぞれの開催日には拠点スタッフが出向いて親子をつなぎ、同時に、地域の担い手の課題も共有し、区全体で研修会を実施している。これらの地域の居場所を紹介する小冊子「にしく子育て航海図」は毎年四〇〇〇部発行し、こんにちは赤ちゃん訪問（乳児家庭全戸訪問事業）では全世帯に配布している。また、拠点主催の公園遊び「青空子育て」も毎月四ヶ所実施し、地域への訪問は年間約一五〇回以上におよんでいる。

写真６　公園にも出かける「青空子育て」

写真７　地域の居場所を紹介する小冊子「にしく子育て航海図」

⑸利用者が活動の担い手になる――西区役所「キッズスペース」を通して――

乳幼児を連れて、区役所の窓口を利用する際に、一時的に子どもを預けられる、区役所一階に設置された託児スペースである。一〇時から一六時まで、二名の保育者が対応している。このスペースは、一時預かりの他に、乳幼児が保護者と過ごす「ひろば」としての機能も兼ねており、ほっとできる居場所の一つになっている。二八年度には、数年ぶりに新規保育ボランティアを育成。スマイル・ポートの利用者であった母親たちが、わが子が幼稚園や小学校にいる間に短時間ではあっても、地域の活動ができる場として活躍している。

また、キッズスペースの隣、区役所待合ロビーに面する所には「子育て支援情報&相談コーナー」を併設している。平日午前中は、専門スタッフ（スマイル・ポートのスタッフでもある）に子育

写真８　区役所待合ロビーに面する「子育て支援情報＆相談コーナー」の様子

ての相談ができる。西区に転入する親子や、スマイル・ポートまでは道のりが遠い親子に向けて、スマイル・ポートと同じ情報や相談を提供できる場として、有効に機能している。まさに、西区の玄関口としての子育て支援場所となっている。（三〇年度活動実績：ひろば利用二二三二人／一時預かり七二八人）

5　市民の力が生きる三つの要素

(1)社会資源との柔軟なつながり

３節で紹介してきたような事業の運営を通して得られる、地域での「信頼」や行政との「協働」の経験は、法人にとっても、事業を利用する当事者にとっても、とても大きなメリットとなっている。配慮を必要とするケースの場合は、法人内の事業間はもちろん、行政や関連機関等と、迅速かつ柔軟に連携して対応している。特に、拠点における「横浜子育てパートナー」事業は、最も有効に機能することができる事業である。真の「連携」とは、当事者をつないだり、対応についての相談をしたりする時に、各施設や機関の担当者の顔が具体的に思い浮かび、お互いの信頼をもとに、フォーマルにも、インフォーマルにもやりとりができることだと考えている。ひとつの家庭や当事者を、複数の支援者の目で多角的に見守ることは、新たな見立てや支援方法を見出すだけではなく、支援者同士が、知識や経験を高め合い、学び合う機会にもなりうる。さらには、ひとつのケースによって作られたネットワークや連携システムは、次のケースにも活かすことが可能となる。まさに、縦と横、さらに斜めの関係を柔軟に作ることは、現場の生きたつながりを持つ市民団体の強みである。

⑵活動を支えるネットワーク

はぐっとの活動は、様々なネットワークにも支えられている。

当事者が集う市民ネットワーク

著者自身が法人に所属する前から、個人として所属しているものに「よこはま一万人子育てフォーラム」（二〇二一年六月発展的解散、一般社団法人ラシク０４５へ移行）がある。親子の居場所や子育てにやさしい街をつくりたいという子育て中の母が市内全域から集まり、横浜市との協働調査や報告書の発行、勉強会やシンポジウムなどを通して、行政に生の声を伝え、政策提言をしている団体である。活動開始から一五年が経過し、ほとんどのメンバーが地域子育て支援拠点や親と子のつどいの広場の運営者となっている。現在著者自身は、一万人フォーラムの一員として「横浜市子ども・子育て会議」に委員として出席し、当事者の声とスタッフの声を行政に伝えている。そこに集う人同士で培われてきた当事者性、現場視点のノウハウと経験が蓄積される一万人フォーラムにおいて先駆的に取り組んでいるメンバーからの情報や声は、はぐっとの活動の支えの一つとなっている。市民活動にはなくてはならない活動を支える市民ネットワークである。

リーダー層のネットワーク

「よこはま地域子育て支援拠点ネットワーク（通称：拠点ネット）」も大きな支えのひとつである。二〇一四年に市域で共通する課題を皆で解決するために一八区の施設長を中心として結成された。「自分たちが学びあい相談できる環境づくり」「拠点事業の目的を叶えるための自主的な場づくり」を目的としている。施設長ならではの話題も多く、スマイル・ポートの運営において、大きな支えとなっている。

身近な地域の分野を超えたネットワーク「チームにしまる」

その他にも、区の地域福祉保健計画を通してつながった、地縁組織や市民活動団体、区自立支援協議会等のネットワークがある。子ども・障がい・高齢の分野を超え、誰もが暮らしやすい街をつくるための、映画上映会や学習会活動を続けるネットワークを組織し、二〇一六年より活動している。区内の各地区社会福祉協議会等と連携し、共催で勉強会を実施する等、これからの西区のまちづくりにおいて、必要不可欠なつながりである。

⑶利用者も活動者もみんな「お互いさま」の関係性

はぐっとの理念でもある「お互いさま」の子育て支援をすすめるために、スタッフがそれぞれの現場で大切にしている姿勢がある。

ちょっと前に子育てを始めたお母さんとして

スタッフはみな、西区とその周辺で子どもを育て、生活している一人の主婦であり、女性である。たとえ、保育士などの有資格者であっても、それを売りに子育て支援をすることはなく、「ちょっと前に子育てを始めたお母さん」として利用者と対等な関係であるように心がけている。特にスマイル・ポートにおいては、利用者にもできる限り運営に参画してもらうことで、母親どうしの「お互いさま」の関係を築くことも大切にしている。

女性がつくるＮＰＯだからこそ

スタッフがこのような姿勢で活動する姿は、利用するお母さんにとっては、一人の女性としての生き方のモデルにもなっているようである。保育室やスマイル・ポートの利用者のお母さんが、わが子の成長と共に、少しずつ法人の事業に関わり、やがてスタッフとして活躍の場を拡げ初めている。子どもの病気や学校行事、あるいは家族の介護や看病など、家庭での役割も両立できるように、法人の各事業内で、スタッフ同士は支えあいながら、活動を続けている。家庭や自分自身のことで、大変な時は誰かがカバーできるという体制を整えておくこと、スタッフ間のお互いさまも、女性が仕事を続ける上でとても大切なことであり、女性のＮＰＯ法人だからこそできることだと感じている。

6 「生活者目線の支援者」としての役割と限界を知る

横浜市は数年前に待機児童ゼロを達成した。そして市民との協働で子育て支援や地域づくりに取り組む先進的な自治体として注目されている。そんな中、子育て支援の現場では、複合的な生活困難課題を抱える子育て家庭が急増し、行政と多様な機関や支援者が知恵を出しあいながら、課題の解決に取り組んでいる。そして国は「地域共生社会」の実現に向けた『我が事』・『丸ごと』の取り組みを進めていて、はぐっとの理念にも重なる部分がある。

著者は、面積も人口も最小規模であることをメリットと捉え「高齢・障がい・子ども」の分野を超え、家庭を単位としたオーダーメイドの支援ができるまちづくりに向けて、さまざまな機関・施設・地域活動者がそれぞれの強みを活かし、真の連携ができる地域を子育て支援の視点から実践していきたいと考えている。その上で、法人として注意している点がある。それは、それぞれのスタッフが「生活者目線の支援者」としての役割や限界を知るという点である。複合的な課題をもつ利用者が増えるにつれ、支援者としての力量を上げ、発揮することはもちろん大切であるが、はぐっとは生活者としての女性の視点から当事者の暮らしに寄り添うことを理念としているため「支援しすぎない」バランス感覚が必要である。そのためには、行政や専門機関へのつなぎ、つないだ後の役割分担、日々の暮らしのフォローなど、法人としての役割をしっかりと守ることが、事業の継続につながると考えている。

まさに、子育てと同じである。手を貸し、時には手を借りながら、はぐっとは、地域の人々とともに、地に足のついた活動を続けていきたいと考えている。

3 住民「自ら」が叶える七〇歳からの夢の住まい方

――ドリームハイツの今とこれから

（公財）ダイヤ高齢社会研究財団　主任研究員　澤岡詩野

自治の学校とも言われる戸塚区の郊外団地ドリームハイツ。ドリームハイツの実践者は、地区内に留まらず、市域や全国で活躍する人も少なくない。一九七〇年代に開発された郊外大規模団地には高齢化が進み自治会が成り立たない、新たに転居してくる人がいないなど、高齢化・人口減少にあらがう術をもたない団地が少なくない。そんな中、団地住民第一世代が軸となり、次から次へと地域に必要な資源をつくり出し、自らのありたい暮らしを実現してきた。人口が半減し、高齢者の割合も五〇％を超えたドリームハイツ地区では、さらに新しい未来を住民自らがつくる「福祉の将来プロジェクト」を、地区を超える協議体をつくり実現に向けて動き始めた。元祖、横浜シチズンシップのこれまでと、これからを、老年社会学者の視点から捉えたい。（編著者石井）

※執筆は二〇二〇年三月時点のものである。

1　住民それぞれが七〇歳からの未来を主体的に生きていくために

団塊世代が後期高齢者の仲間入りをする二〇二五年を前に、改めて地域包括ケアシステムの在り方が見直されている。このなかで二〇一八年度の介護保険の改定では、「我がゴト・丸ごと」地域共生社会の実現がテーマに掲げられた1。これは、「他人事」になりがちな地域づくりを「我がゴト」として地域住民が主体的に取り組んでいくこと、年齢や障がいの有無に関係なく地域住民の取組と公的な福祉サービスを「丸ごと」つなげていくことを意味している。「我がゴト・丸ごと」地域共生社会実現本部が提示した資料では、対象者ごとに整備された公的機関の縦割りを乗り越え、つなぐための仕組みづくりを重点課題として挙げている。これを受け、全国の地方自治体では、仕組みづくりに向けた様々な取り組みが行われている。しかし取り組みがうまくいっている自治体は少なく、これまでの様な縦割りを前提にした行政主導のやり方では限界が見え始めていると言わざるを得ない。本章では、「地域包括ケアシステム」という言葉が生まれる前から、住民「自ら」が地域共生社会の実現に向けて取り組んできた「ドリームハイツ」の歩みを概観する。

2　ドリームハイツの「今」

(1)変化し続ける団地住民第一世代

未来を創り出してやろうとする気概のあるまち

一九七〇年代に開発された郊外立地の大規模団地には高齢化が進み過ぎ自治会が成り立たない、体力・気力のある住民が逃げ出した後に新たに転居してくる人がいないなど、高齢化・人口減少にあらがう術をもたない団地が少なくない。本章で取り上げるドリームハイツ（一九七二年～七四年に横浜市戸塚区西部の高台に建設）も同様で、入居開始当初八、〇〇〇人だった住民は、二〇一八年一一月には四、五〇九人まで減少している。また高齢化率五二・七％、一人暮らしの住民は六五九名を超え、コミュニティを維持していくことが難しい限界団地ともいえる状況にある。しかし、ドリームハイツが同様の状況にある団地と明らかに違うのは、悲壮感やあきらめよりも、むしろ未来を創りだしてやろうという力、未来への自信を住民が持っている点である。

「課題解決」に向けて動くための既存団体の連帯

この力と自信を創り出しているのが、二〇〇七年に発足したドリームハイツ地域運営協議会（**表1**は参加団体数が最も多かった平成二五年度の一覧表、後述の団体統合などがあり二〇一九年度は一三団体）を核にした住民相互の助け合い活動である。協議会は、地縁型の三つの自治会（市ドリームハイツ、県ドリームハイツ、アークプラザ戸塚自治会）、横浜深谷台小学校（設立時は深谷台小学校）、同小学校のＰＴＡ、テーマ型の住民の手による地域活動団体がメンバーとなっている。いわゆる「集う事」が目的になりがちな組織ではなく、実際の「課題解決」に向けて動く為の協議体といえる。立ち上げ時から関わる中心的な団体としては、ＮＰＯ法人「いこいの家　夢みん」（**写真1**）が取り組むサロン事業と介護予防事業、「ドリーム地域給食の会」が取り組む高齢者向け食事サービス、ＮＰＯ法人「ふれあいドリーム」が提供する介護保険サービスと保険外サービスで行うふれあい事業、ＮＰＯ法人「ふらっとステーション・ドリーム」が提供するコミュニティカフェ、「ボランティアバンク・えん」が取り組む住民相互の有償ボランティアによる助け合いが挙げられる。

表１　深谷台地域運営協議会

平成25年度深谷台地域運営協議会の構成団体

	団体
1	市ドリームハイツ自治会
2	県ドリームハイツ自治会
3	アークプラザ戸塚自治会
4	横浜市立深谷台小学校
5	横浜市立深谷台小学校 PTA
6	NPO法人　いこいの家　夢みん
7	ドリーム地域給食の会
8	NPO法人　ドリームの丘
9	ドリームハイツ地域のつどい
10	NPO法人　ふらっとステーション・ドリーム
11	NPO法人　ふれあいドリーム
12	深谷台アフタースクール
13	地域と子どもネットワーク会議
14	俣野公園プレイパーク
15	見守りネットセンター
16	横浜市戸塚区役所

これらの五団体が、元気な高齢住民の生きがいや社会参加創出から要介護状態にある住民への支援に至る迄を連続して地域で支えるために立ち上げたのが「ドリームハイツ福祉連絡会」である。この設立により、住み慣れた地域で顔の見知ったつながりのなかで包括的に支援を受けられる体制が構築されることとなった。同時に、本人が望めば得意を活かしてサロンで教えたり、高齢者宅でのちょっとしたお手伝いの担い手として活躍するなど、高齢者自身がサービスの受け手でもあり担い手にもなれる新たな力の循環が生み出されることにもなった。

団地住民第一世代の新たな挑戦

これらの活動は、団地住民第一世代

写真1　「いこいの家　夢みん」外観

が五〇～六〇歳代にさしかかり始めた一九九〇年代に立ち上げられた。現在では地域にとって必要不可欠な力となる一方で、初期メンバーの高齢化という大きな壁に直面している。「求められる機会が増えているのに、活動メンバーも高齢化していて対応が難しくなっている。新しい人に加わってもらいたいけれど、共働きなどで、想いはあってもすぐには活動に関われない人が多いという実態がある」という声が聞かれることからも、これまでの様な形で活動を維持していくことが難しくなりつつある。特に、一九九一年に活動を開始した「ドリーム地域給食の会」では活動を継続していきたいというメンバーの想いと裏腹にマンパワー不足に直面しており、何らかの対応が求められていた。協議会では、開始当初とくらべ民間の配食サービスが増えたことで「食べること」そのものに困る利用者は少ないと判断し、会を閉じることを決断した。しかし、利用者と会のメンバー双方から、食を介して長年に培ってきた顔の見えるつながりを惜しむ声があり、現在は「いこいの家　夢みん」での「日曜ランチ」（**写真2**）という形でスタッフが活躍している。こ

写真２　解散したドリーム地域給食の会メンバーが活躍する、夢みんでの「日曜ランチ」

のことで「いこいの家　夢みん」の運営スタッフの増強だけではなく、給食スタッフにとっては、新たに生きがいを見出す場づくりにもつながっている。

団体の統合と落としどころ

この統合をきっかけに、協議会は財源やマンパワーの確保と、自立から虚弱化しつつある住民への一貫した支援体制づくりを見据え、「いこいの家　夢みん」に「ボランティアバンク・えん」も統合することを決断している（**写真３、図１**）。これは、活動拠点を維持するうえでの安定的な財源の確保を見据え、介護保険制度の総合事業の受け皿となるための布石でもあった。ここでメンバーが悩んだのは、事業者になることで「いこいの家　夢みん」で行ってきた誰でもウエルカムなサロン事業に制約が生まれることであった。しかし、これまでも協働のパートナーとして連携してきた横浜市に相談をした結果、打開策がみつかり、二〇一九年度から総合事業Ｂ型の事業者として活動を展開している。

写真３　70 歳からの未来塾５回目で最期を迎える場所についてグループワークを行う参加者

これからの五年、一〇年に向けて新たな挑戦を続けるドリームハイツであるが、給食の会にみられた様に、いずれの活動も深刻な担い手不足に直面している。既に高齢化率五〇%を超えたドリームハイツを支えるには住民全員の総力戦で臨まねばならない状況にあり、これまで地域に関わってこなかった、関わりをもとうとしなかった中高年の住民とのつながりづくりを進めることが急務となっている。

⑵関わりをもとうとしなかった中高年の住民とのつながりづくり「七〇歳からの未来塾」

現役時代は会社と家の往復で、退職した今も漠然とした不安はありつつも、地域とつながる必要性を感じていない人々を、支え合いのなかに取り込んでいくことはドリームハイツにおいても簡単なことではない。これまでも、第二土曜日の夜に開催する「よいのくちサロン」や歌声喫茶などを開催することで、新たな接点づくりを進めてきた。しかし、楽しい場への参加という受け身の意識に留まり、地域への関心を高め、担い手としての関わりに発展しないこと

エリマネ ニュース

50号

深谷台小学校エリアの広報紙

発行日：H29年3月31日
発行者：深谷台地域運営協議会
連絡先：深谷台小学校内地域交流室
TEL：392-5735
http://www.drsansan.jp

深谷台小学校よりご挨拶をいただきました

新たなスタート

深谷台小学校の校長室には、習地域の発展に即応し横浜市立深谷台小学校を開設します」と記された開校宣言と、サルトリイバラをデザインした校章が掲げられています。開校当時 400人ほどだった児童数は、そのピーク時には1，400人に迫るほどとなり、教室不足のためプレハブ棟を増築するほどでした。開校から四十四年、たくさんの方たちに支えていただきながら4，455人の卒業生を送り出してきた深谷台小学校は、このたび通学区域と学校規模の適正化をはかるため俣野小学校と統合され、4月からは『横浜市立横浜深谷台小学校 』として新たなスタートを切ることとなりました。これまでいただいた皆様からのご厚情やご支援に深く感謝申し上げ、閉校のご挨拶とさせていただきます。四十四年間ありがとうございました。

校長　齋藤　正子

福祉の3団体が統合しました

NPO法人いこいの家夢みん

ボランティアバンクえん

ドリーム地域給食の会

1972,3年にドリームハイツに入居が始まってから40年以上経ち、住民の手でつくられてきた多くの団体のスタッフも高齢化してきました。その対策の一つとして福祉3団体が話し合いを重ね、「統合」に達しました。それにより

◆「給食の会」は会を閉じますが、スタッフは夢みんの新たなプログラム「日曜ランチ交流」に加わります。

◆「夢みん」と「えん」のスタッフも活動内容もかわりません。連絡先も同じです。

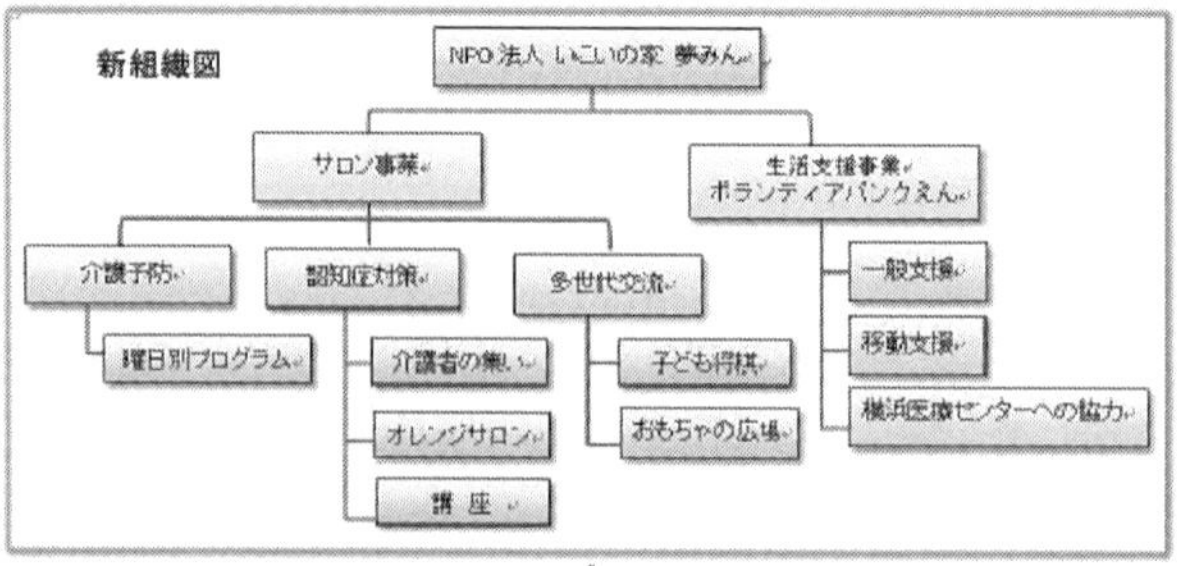

1

図1　三団体の統合を報せる「エリマネニュース50号」

がほとんどであった。さらには、「社会保障制度の知識があるし、地域に頼らなくてもどうにかなる」や「そもそも近所と関わりたくない」と考える人にアプローチできていなかった。そこで企画されたのが、〝ドリームハイツで豊かに歳を重ねる為に必要なつながりや知識を考える場〟、〝我がゴトとして地域を考える場〟、「七〇歳からの未来塾」（写真4、図2）であった。二〇一五年五月〜一〇月まで計六回行われた講座では、地域の介護事業者、地域包括支援センター、訪問看護師や医師などが講師となり、元気なうちから知っておくべき知識のレクチャーを行った。男性の知識欲に働きかけることを目的に「塾」の名を掲げた講座には、夢みんなどの活動には顔を出したことのない人の参加が多く見られた。講座では講師のレクチャーに加えグループワークが行われ、知識や情報だけではなく、団地住民同士が新たに出会うきっかけづくりにもつながっている。参加者からは「今からできることを始めたい」「自助としての地域とのつながりを意識していきたい」という積極

写真4　外部からのコーディネーターを交えた団体統合に向けたワークショップ

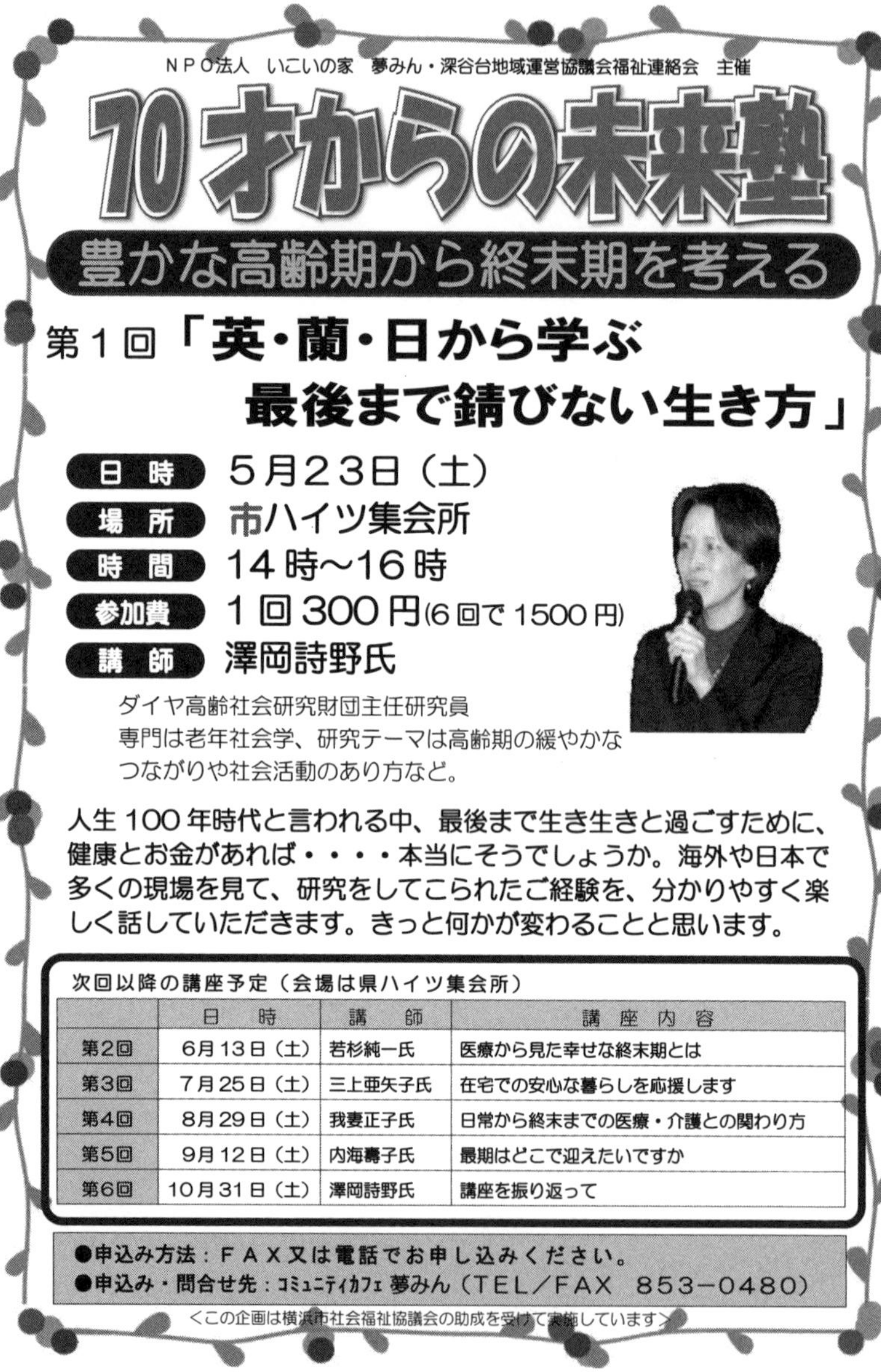

ＮＰＯ法人　いこいの家　夢みん・深谷台地域運営協議会福祉連絡会　主催

70才からの未来塾

豊かな高齢期から終末期を考える

第１回「英・蘭・日から学ぶ　最後まで錆びない生き方」

日時　５月２３日（土）
場所　市ハイツ集会所
時間　１４時～１６時
参加費　１回３００円(6回で1500円)
講師　澤岡詩野氏

ダイヤ高齢社会研究財団主任研究員
専門は老年社会学、研究テーマは高齢期の緩やかなつながりや社会活動のあり方など。

人生１００年時代と言われる中、最後まで生き生きと過ごすために、健康とお金があれば・・・・本当にそうでしょうか。海外や日本で多くの現場を見て、研究をしてこられたご経験を、分かりやすく楽しく話していただきます。きっと何かが変わることと思います。

次回以降の講座予定（会場は県ハイツ集会所）

	日　時	講　師	講　座　内　容
第2回	6月13日（土）	若杉純一氏	医療から見た幸せな終末期とは
第3回	7月25日（土）	三上亜矢子氏	在宅での安心な暮らしを応援します
第4回	8月29日（土）	我妻正子氏	日常から終末までの医療・介護との関わり方
第5回	9月12日（土）	内海壽子氏	最期はどこで迎えたいですか
第6回	10月31日（土）	澤岡詩野氏	講座を振り返って

●申込み方法：ＦＡＸ又は電話でお申し込みください。
●申込み・問合せ先：ｺﾐｭﾆﾃｨｶﾌｪ 夢みん（ＴＥＬ／ＦＡＸ　８５３−０４８０）
＜この企画は横浜市社会福祉協議会の助成を受けて実施しています＞

図２　「70 才からの未来塾」チラシ

的な声も聞かれた。現在は、認知症になっても支えあえる地域づくりをテーマに勉強会などが行われている。住民それぞれが七〇歳からの未来を主体的に生きていく為の働きかけ、支え合い体制づくりに積極的に取り組むドリームハイツであるが、このような事が実現できるのはなぜなのだろうか?次節では、ドリームハイツのこれまでの歩みを概観する。

3　ドリームハイツの「歩み」

(1)ないなら小さくても自分たちの手で作ろう
立ち上がる子育て中の専業主婦たち

これまでドリームハイツについて書かれた報告書二〜五)などを整理すると、その歩みは、豊かに生活することを阻む高い壁との戦いの歴史と言い換えられる。一九七二年に新たな住まいに心を躍らせ入居してきた若年ファミリー層が最初に戦わなければならなかったのは、陸の孤島とも例えられる「駅からの利便性の悪さ」と、ほぼ皆無といえる程に「未整備な子育て環境」であった。「利便性の悪さ」については、建設当初は計画に盛り込まれていたモノレールの開通がとん挫したことを受けて立ち上がった住民の交渉により、バスの増便が実現し、ある程度の改善がみられた。しかし、「未整備な子育て環境」については、当時、横浜市中で大規模団地の開発が行われたこともあり、自治体からすぐに支援の手が差し伸べられることはなかった。ここで立ち上がったのが子育て中の専業主婦達であった。店舗や医療施設は渋滞時には一時間かかる戸塚駅までいかねばならず、小さな子どもを連れての買い物への不満、子どもの急な病気の時への不安など、団地内には怒りにも似た感情が渦巻いていた。さらには、公的施設は小学校と幼稚園が一園のみという環境のなかで、怒りは「ないなら小さくても自分たちの手で作ろう」という動きに変わっていった。「自分たちは我慢すればよい、でも子どもに不自由な想いをさせたくない」という母親達の想いは、幼児教室「たけのこ会」、幼稚園「すぎのこ会」、保育園「苗場保育園」、学童保育「ドリームハイツ学童保育クラブ」という形で具体化していった。

親の介護、そして未来の自分の必要から生まれる新たな取組

次にドリームハイツに現れた高い壁は、一九九〇年代に入り、徐々に進みつつあった住民の高齢化により表面化した「生活援助や介護サービス不足」であった。この頃には、満足のいく子育て環境を自ら創り上げた主婦たちも五〇代、六〇代になり、親の介護を経験したり、子どもが独立したり、自分の老後を考え始める時期でもあった。介護保険制度の始まる前、家族が高齢の親を支えることを前提にした時代でもあり、公的にも民間にもサービス提供者の無いなか、ドリームハイツに住む高齢の夫婦世帯や一人暮らし世帯は様々な困りごとを抱えて生活していた。そこで子育て環境を創り上げてきた主婦たちが二八年前、最初に取組んだのが食事サービスであった。「ドリーム地域給食の会」として届けたのは、温かいお弁当だけではなく、見知った住民との交流という孤立化しがちな高齢者世帯へのつながりの提供であった。次に、この活動を通じて目にした家事に関する様々な困りごとに対応すべく、二四年前には家事介護の支援団体を立ち上げる。この団体は、介護保険制度のスタートに伴い、介護保険事業者「NPO法人ふれあいドリーム」として活動を展開していく。給食の会や家事介護の支援を通じ、次に目が向いたのが、徐々に体力や気力が低下して遠方への外出が難しくなるなかで、家以外の居場所を失う高齢者や障がいをもつ住民の存在であった。

徒歩圏・自転車圏の居場所づくり

徒歩圏・自転車圏、いいかえればドリームハイツの中に誰もが集い、交流できる居場所があれば、家に閉じこもらず、介護予防にもつながるという意識から、二三年前には団地の一室を借りて「いこいの家　夢みん」をスタートする。今では、ドリームハイツとドリームランド（遊園地）の跡地にできた野球場や霊園を併設した公園との間に建つ空店舗を借り受け、誰もがふらっと立ち寄れる憩いの場となっている。ここでは、健康マージャンやコーラス、パソコン教室、毎週木曜開催の健康相談、認知症カフェ、世代間交流も意図した子ども将棋など多様な切口の集いの場を提供し、多様な住民が出会う居場所となっている。ドリームハイツの憩いの場としては、一四年前にできたコミュニティカフェ「ふらっとステーション・ドリーム」の存在も大きい。手作りのランチを目当てに通う人、仲間とのおしゃべりに通う人、そんな雑多な雰囲気のなかで一人本を読みにくる人など、思い思いに過ごせる居場所として定着している。近年、集う人々から医療や健康、生活についてのちょっとした相談が増え始めたことから、二〇一九年には、月四回「まちの保健室・ふらっと」を開始している。相談の多くは、わざわざ専門職に聞いていいものかを悩む位の不安であるが、重篤化の予防にもつながり、専門職にとっても意味のある場になっている。

(2)「団体内の連携」から「隣接地域とも連携する協議体」へ

それぞれの目的を超えた団体間の連携

高齢化により表面化した「生活援助や介護サービス不足」という高い壁と同時進行で現れたのが、ドリームハイツに隣接する遊園地ドリームランド跡地の「再開発問題」であった。かねてから廃墟の様に建つドリームランドを再開発して欲しいというニーズはあったものの、住環境を良くする形の開発を望んでいた。そこに浮上したのが、中古車販売場の建設で、戸塚駅への渋滞の悪化だけではなく、常に中古車販売場を出入りする車から出される排気ガス、高まる交通事故のリスクへの不安から、住民は一つになり反対運動をおこした。結果として、先述した様に、俣野公園という緑豊かな借景と憩いの場、同じく跡地に建った横浜薬科大学の為のバスの増発、加えて公園や園内の野球場を利用する為に訪れるハイツの外に住む人々の醸し出す新たな活気など、より良い住環境を手に入れることになった。環境を守ること、高齢化に立ち向かうこと、これらの高い壁に立ち向かえたのは、「住環境や子どもを自分たちの手で守りたい」という想いから派生した地域の団体間の連携のおかげと言える。

「団体内の連携」から「隣接地域とも連携する協議体」へ

子育て環境の充実を目指していた頃にできた関連団体のつながりは、子どもが安心して遊べるプレイパークをつくりあげ、そこには今でも子ども達の元気な声が響いている。また、高齢者福祉に関する三団体（地域給食の会、ふれあいドリーム、いこいの家　夢みん）が連携することで、新たな住民の交流の場、コミュニティカフェ「ふらっとステーション・ドリーム」を立ち上げ、そこには高齢住民を中心にした居心地の良い居場所となっている。さらに二〇〇七年には、これらの諸団体と自治体が同じテーブルに着き、課題を共有し、共に解決に向けて動く為のつながり「ドリームハイツ地域運営協議会」を発足している。協議会が最初に行ったのは住民対象のアンケートで、これにより実態を細やかに把握し、各団体が取り組むべき新たな課題を顕在化している。これまでに三回の調査（自治会住民を対象にした二〇〇七年調査・子育て世帯を対象にした二〇一二年調査、介護保険改定を視野に福祉関連の二〇一五年調査）が行われ、この結果をもとに行われた意見交換を基に、アフタースクールの開設、ボランティアバンク・えんの開設、地域広報紙「エリマネニュース」の発行（隔月で三〇〇〇部）、見守りネットセンターの設置などが行われている。さらに、住民の皮膚感覚だけではなく定量的に住民の意識や生活実態を把握していることは、自治体と対等な立場で交渉することや外部の専門家や助成金を有効活用する際の有用な武器となっている。団地内の団体をつなげてきた協議会であったが、活動を推進する呼び水となった市のモデル地域としての五年間の助成が終了したことに加え、高齢化の急速な進展に伴うマンパワーの減少で、二〇一一年に外部に連携を求めることを決断する。結果として小学校区エリアに拡大した「深谷台地域運営協議会」は、新たなモデル地域として市から指定され、得られた助成を活用しながら、民生委員、三自治会と小学校、NPOなど計一三団体がつながる場として機能している（表1は参加団体数が最も多かった平成二五年度の一覧表、後述の団体統合などがあり二〇一九年度は一三団体）。

4　福祉の将来プロジェクトから始まる新しい「未来」

(1)さらに前へ、「福祉の将来プロジェクト」が始動

高齢住民が後期高齢化に直面しつつあるドリームハイツが描く「未来」、夢みる住まい方はどんな姿なのであろうか？豊かな子育て環境を自らの手で創り上げてきた主婦の一人でもある深谷台地域運営協議会の事務局である松本和子氏は、「より安心して、尊厳をもって住み続けられる地域を目指して、さらに前へ」と語る。

この為の一歩として、二〇一七年には、さらなる高齢化と人口減少を見据えた「福祉の将来プロジェクト」をスタートした。エリマネニュース第五一号に掲載されたプロジェクトの説明は以下の通りである。

「地域の福祉団体は長年それぞれ必要な活動を続けてきましたが、相談や情報の窓口を一つにした、センター的機能が必要となってきました。また諸活動の担い手の高齢化も団体の共通した課題です。同時に、安定して活動を継続できる総合的な拠点も求められています。これらについての協議が、当協議会と福祉連絡会（地域の福祉課題、見守りや災害への備えなどについて協議する関連団体の月例会議）でスタートしました。」

例えば、見守りでいえば、各団体それぞれで把握している要支援者の情報を一元管理することで、効率的に質の高いサービスを切れ目なく提供できる。この為には専従のスタッフが常駐した常設の拠点を確保する必要があり、そこに団地内に点在していた各団体の機能を集約できれば素晴らしいなどと、夢は拡がりつつある。この夢をカタチにするために、二〇一八年からコンサルタントを招いての学習会を開始し、二〇一九年にはより具体的な動きを検討する場として「ドリームハイツ多世代交流拠点検討委員会」を発足している。現在、同委員会では、横浜市の支援事業「マンション・団地再生コーディネート支援」で派遣された二名の専門家と共に、拠点のコンセプトや実現可能性を検討している。

⑵次世代の意見を尊重することで進む代替わり

「ドリームハイツ多世代交流拠点検討委員会」の動きと共に進みつつあるのが、これまで述べてきた限られたマンパワーを有効活用していく為の団体の統合である。さらにここ数年で急速に進みつつあるのが団体の代表格をつとめるメンバーの世代交代である。多くの地域で世代交代が進まないという声が聞かれるなか、ドリームハイツでは少しずつの若返りをコンスタントに行なってきた団体が少なくない。その代表例として挙げられるのが、現在で四代目の代表が活躍する「夢みん」である。長く一人の代表が頑張り続けない事で、メンバーに依存関係が生まれにくくなり、皆でできる事をできる範囲で担いあうという運営体制が維持できている。この運営体制のなかで行われる会議では、設立時のメンバーも途中から加入してきた若いメンバーも関係なく徹底した意見交換が行われ、会の活動を前進させてきた。この過程において設立時のメンバーは、これからのドリームハイツを背負っていく世代の意見を否定しないということを徹底してきた。例えば、先に述べた様々な機能を一つの拠点に集約していくという三代目代表の松本和子氏のアイディアに対し、現在の代表が示したのは、団地内に拠点が点在した方がより広い対象にアプローチできるという考えであった。どちらの方向に進むかは未定であるが、松本氏をはじめとする初期のメンバー達は「いろいろな考え方があり、これから実際にドリームハイツを動かしていく若手の意見を尊重し、それを後方支援していきたい」と話している。

(3) 夢の住まい方を自らの手で実現するために

高齢化の進む大規模集合住宅の在り方が語られる時、必ずと言ってよいほど理想像として挙げられるのがドリームハイツである。全国から訪れた視察者は、住民主体の地域創りの姿に感動するのと同時に、ドリームハイツだからできたと諦め顔で下を向くことも少なくなかった。確かに、素人同然の主婦達が子育てに必要な環境を一つ一つ創り上げただけではなく、そのつながりを基に増えつつある高齢の住民や自らの老後を見据えつつ、団地を超えたコミュニティを創り上げつつあることは偉業といえる。まだ力のある若い主婦達の手による子育て環境づくりは、比較的に多くの地域でみられる。しかし、加齢と共に機動力は弱くなるなかで、地域の今を的確に把握したデータを基に、行政や専門家、他の地域との対等な連携の形を模索するという形で高齢化という問題に対峙しているというケースはほとんどみられない。二〇一八年には新たな連携相手として民間企業が加わっている。深谷台地域運営協議会とエーザイ㈱の共催という形で、お互いの得意を出し合い地域の課題を解決するリビングラボを開催している。認知症をテーマにグループワークを重ねてきた二〇一八年度のラボからは、自分が認知症になった場合の多種多様な困りごとが見出された。二年目に当たる本年度は、困りごとを解決するための方法について、熱心な意見交換が行われている。また、ラボにはこれまで地域の活動に出てこなかった住民も顔を出していることから、新たなつながり場ともなっている。

これが実現できた要因として、都市郊外とはいえ陸の孤島という悪条件が多くの住民の危機意識をつなげてきたことが考えられる。そして、今も恵まれているとはいえない環境下で、自らの手で一つ一つ創り上げてきた子育てから介護までの支え合いの仕組みを、一〇年後を見据え、地域のありように併せて柔軟に再構築しつつある「いさぎよさ」も、ドリームハイツの強みといえよう。現在の姿だけをみてしまうと手が届かない取組にみえるドリームハイツであるが、最初から行政に依存せずにできる取組から行動に移すこと、地域の団体のみで解決をしようとしないこと、自治体・専門職や他地域の団体、民間企業なども一緒の席で対等に意見交換をすること、変化を恐れずに今と将来のビジョンに向けて運営の在り方を柔軟にかえること、若い世代の意見を否定せずに尊重することなど、自地域の特性に併せて取り込めることが数多く見られる。

ここまでドリームハイツの歩みと今、そして夢みる未来を概観してきて気付くのは、こうして創り上げてきた地域の在り方は、地域包括ケアシステムの目指す「地域共生社会」の姿と重なることである。とすれば、ここから地域の活動団体が連携し子どもから障がいをもつ人や高齢者までを「丸ごと」、地域住民が「我がゴト」

として支えあう地域づくりを実現していく為に国や自治体がすべきことも見えてくるのではなかろうか。少なくとも既存の枠組みを押し付け、助成金などで紐づけした依存関係ではなく、住民の描く未来を引き出し、実現する為の後方支援を柔軟に行っていくことが求められているといえる。一方、住民に求められるのは、地域の実情に応じた夢の住まい方を自らの手で実現する為の覚悟、自助としての地域とのつながり創りといえるのではなかろうか。

参考文献

厚生労働省：第一回「我がゴト・丸ごと」地域共生社会実現本部　資料（二〇一六）
http://www.mhlw.go.jp/stf/shingi2/0000130501.html (2017/6/19)
横浜市政策局政策課：特集・市民参加の実践・⑯ドリームハイツでの長期ビジョンづくり、調査季報一二七号、三九―四一（一九九六）
横浜市政策局政策課：特集・地域から築く「新しい公共」・⑤地域に広がる公共空間～活動エリアで見る、調査季報一五八号、二三―二五（二〇〇六）
横浜市政策局政策課：特集・「協働」から「地域運営」の現在・③ドリームハイツ～住民主体の地域運営からみえるもの、調査季報一六六号、四〇―四五（二〇一〇）
横浜市政策局政策課：特集・男女共同参画によって実現する女性活躍社会・③地域社会における女性活躍を考える～横浜郊外における主婦による地域活動の軌跡から、調査季報一七九号、二九―三四（二〇一七）

4 母親、父親、専門職、サードパーティが支える子どもの居場所づくり ――新しい世代が創るNPO法人サードプレイスとそのネットワーク

法政大学大学院特任教授　渕元初姫

子どもの貧困との出会い。NPO法人サードプレイス代表理事の須田氏はその現実に大きな衝撃を覚えた。一〇代の頃ボランティアの経験を通して、社会福祉や地域づくりに関心を寄せた。社会福祉協議会、NPOで実践を重ね、二〇一七年自らNPOを設立した。自らは子育てや貧困の当事者ではなく、ソーシャルワーカーである。当事者でないサードパーティの重要性を指摘しつつ、地域の中の当事者たちと集い、そして共鳴し合う事業を作り出す。新たな社会問題に応えていく新しい挑戦と支えるネットワークを、須田氏の実践から捉えたい。（編著者石井）

※執筆は二〇二〇年三月時点のものである。

1　新たな社会に必要な新しい活動

(1)「こどもたちにはサードプレイスを、おとなたちには、こどもたちと出会える場所を」

特定非営利活動法人サードプレイス（以下、「サードプレイス」と称する）は、横浜市鶴見区を活動エリアとする市民団体で、二〇一七年二月二八日に設立された団体である。家庭（第一の居場所）や学校（第二の居場所）のほかに、地域（第三の居場所、〝サードプレイス〟）に子どもの居場所を増やしていくというミッションのもとに、鶴見区内における子ども支援者・団体の活動サポートや、それら支援者・団体相互のネットワーク形成をサポートし、子どもと大人の双方にとって居心地のよいコミュニティづくりを目指して設立された団体である。

(2)サポートが必要な子どもの「発見」の機会が失われていく社会

子どもたちの居場所はなぜ必要なのだろうか。高度経済成長期に爆発的な人口増加を経験した横浜市は、その都市化の過程で、私たちにとって居心地のよい様々な「たまり場」を失った。その「たまり場」とは、友人やそのきょうだいたちと放課後に連れ立って遊びに行く裏山や空き地だったり、わずかな小銭を携えて買い物に行く駄菓子屋、地域で親たちが営む商店の一角などであっただろう。子どもたちは、その生活圏に複数存在したこれらの居場所に、あるときは入り浸り、またあるときは自身の都合に合わせてそれらを使い分けながら集い、思い思いの時間を過ごしながら地域や社会における生きる力を学んでいたのである。この「たまり場」の喪失が現代にもたらしたものは、子どもの発達や人格形成にとって不可欠な機会の喪失にとどまらず、今日では、何らかのサポートが必要な子どもの「発見」の機会の喪失でもある。「もっと早く出会っていれば……」

という子どもたちを減らしたい、という想いとともに、サードプレイスは、「子どもたちがいっときでも心休まる場」、「将来について考えることができるキッカケが得られる場」、「子どもたちに寄り添うことができる大人がいる場」を、子どもたちの日常生活圏に複数つくることを目標としている。

2　サードプレイスによる子どもの居場所づくり

本章では、横浜市鶴見区における子どもの居場所づくりについて、サードプレイスの活動を中心に述べる。最初に、横浜市鶴見区の概況と、子どもの居場所に関するニーズを検討する。それから、サードプレイスを設立した中心人物である須田洋平氏の鶴見におけるこれまでの活動を詳述する。これは、現在の鶴見における子どもの居場所づくりの前史となるものである。その後、法人としてのサードプレイスによる子どもの居場所づくりの取り組みについて述べる。

(1)多様なライフスタイルと子ども

鶴見区は横浜市に一八区ある行政区のうちのひとつで、二〇一七年一〇月一日に区政九〇周年を迎えた、横浜市の中でも古い歴史をもつ区のひとつである。横浜市の東部に位置する鶴見区は、その東側を川崎市に接しており、東京方面

図１　サードプレイスのロゴ

への通勤も至便な距離にある。その西側は横浜市神奈川区及び港北区と接しており、特に鶴見区の北部は住宅街として需要のあるエリアである。また、区の北部から東部にかけて鶴見川が流れ、南側には東京湾を望む高度成長期から発展した工業地帯を擁している。こうした鶴見区の成り立ちは、東京の都心へ通勤する夫婦共働きの親、工場等に交代制で勤務をする親など、多様なライフスタイルと価値観をもつ人や家族の居住を可能としているといえる。

総務省統計局による二〇一五年の「国勢調査」によると、鶴見区の総人口は二八五、三五六人で、この人口は一八区のうち三番目に多い（港北区が三四四、一七二人で最も多く、青葉区がそれに次いで三〇九、六九二人である）。このうち、〇〜一四歳の人口は三七、二七〇人（男性：一九、〇四七人、女性：一八、二二三人）で、区内の総人口に占める割合は一三・二％（男性：一三・〇％、女性：一三・〇％）である。これらの子どもがもつニーズはもちろん多様であろう。例えば、横浜市教育委員会による「平成三〇年度市立学校現況」（五月一日現在）によると、鶴見区内には二二の市立小学校と一〇の市立中学校があり、小学校には一四、三八九人、中学校には五、八六七人がそれぞれ在籍しており、合計二〇、二五六人が鶴見区内で学んでいる[1]。

(2)増える不登校児童・外国人児童

これらの児童・生徒は、その日常生活のほとんどの時間を地域コミュニティで過ごしている子どもたちである。しかし、鶴見区は、不登校児童生徒数が横浜市内一八区の中でも非常に多い人数で推移しており、二〇一七年度には三四〇人にのぼっている（「平成二九年度学校基本調査」）。また、外国人登録者数（総数）は一二、三七〇人で、横浜市内においては中区（一六、五一一人）に次いで多いが（「横浜市区別外国人人口平成三〇年四月末日現在)」、小中学校に在籍する外国人児童生徒数は五一五人(小学校は三七八人、中学校は一三七人)と市内のなかで最も多い(「平成三〇年度市立学校現況」)。これらの子どもに対する学習支援や生活支援の充実は大きな課題であろう。

(3)経済的困窮のもとで暮らす子ども

さらに、経済的困窮のもとで暮らす子どもについては、その実態把握が十分になされていないなかでも、対応が急がれるべき重要な課題であるとの認識が徐々に高まってきているといえるだろう。厚生労働省による平成二五年国民生活基礎調査によると、日本における子どもの貧困率は、調査の始まった一九八六年以来ほぼ上昇傾向で推移しており、二〇一二年には一六・三%と、子どもの六人に一人が貧困のもとで暮らしていることが大きく報じられた。とりわけ、ひとり親家庭の相対的貧困率は五四・六% (二〇一二年)と高く、その数は一九九〇年代以降増加を続け、二〇一二年には九一・二万世帯に及んでいる。二〇一七年六月に発表された「平成二八年国民生活基礎調査」の結果をみると、二〇一五年における子どもの貧困率は一三・九%、ひとり親家庭の貧困率については五〇・八%と、三年前の調査に比べるとそれらの割合は低下しているが、依然として厳しい状況であることには変わりないだろう。横浜市については、二〇一六年三月に報告された「横浜市子どもの貧困対策に対する計画(平成二八年度~平成三一年度)」のなかで、市内における子どもの貧困の実態把握を試みている。それによると、子どもの貧困率は七・七%であるとされており、また、ひとり親世帯のおよそ半分は貧困線を下回る水準で生活していると推計されている。さらには、横浜市において就学援助を受けている子どもは約三八、〇〇〇人で、就学援助率は一四・四%となっている(横浜市こども青少年局企画調整課二〇一六)。これらのデータをもとに考えると、鶴見区内においても潜在的に支援を要する子どもの数も多いことが推察される。

⑷子どもの変化に誰が気づくことができるのか

経済的困窮に陥っている当事者が声を上げることができなければ、その問題は見逃されやすく、自らの置かれた状況を、誰に、どのように訴えるべきか判断できない子どもにとっては、なおさらそれは難しくなる。また、自らの家庭の問題を、学校の教員や、見知った者に知られたくないと考える子どももいるだろう。周囲の大人が、子どもの変化に気付くことのできる、子どもにとって安心して過ごせる場所が必要である。

3　子どもの居場所に関するニーズとそれへの応答

⑴行政が応える

市民利用施設

都市型コミュニティに暮らす子どもを取り巻く状況は厳しいものとなっている。児童福祉法に規定される児童館をもたない横浜市では、「地区センター」や「コミュニティハウス」、「子どもログハウス」のほか、「地域ケアプラザ」や「地域子育て支援施設」、「親と子のつどいの広場」などがその役割をある程度まで補完している。鶴見区には現在、地区センターは六館、コミュニティハウスは七館、地域ケアプラザは九館が存在する。また比較的最近、市内に整備された地域子育て支援施設は、鶴見区内では「わっくんひろば」及び「わっくんひろばサテライト」の二ヶ所が乳幼児とその保護者を主な利用者として開設されているほか、親と子のつどいの広場は「kitsch（キッチュ）」と「はなはなひろば」の二ヶ所が利用できる。しかし、主に小中学生のための居場所としては、地区センター、コミュニティハウスなどが利用されてはいるものの、ロビーや学習コーナーなどを限定的に利用することはできても、例えば地区センターでは小学生は午後五時まで、中学生は午後六時までという利用時間が設定されており、そこを出された子どもたちは、やむなく出入り口付近に滞留して帰宅までの時間を潰すこともある。

学　童

放課後の児童にとっては、小学校で過ごす「放課後キッズクラブ」及び「はまっ子ふれあいスクール」に加えて地域で過ごす「放課後児童クラブ」が公的な居場所になるだろう。放課後キッズクラブとはまっ子ふれあいスクールは、二二の小学校それぞれにどちらかの事業が展開されているほか、放課後児童クラブは一八にのぼる。しかし、開所時間は放課後から午後六時もしくは七時に限られており、それ以降の時間の居場所が必要な子どもは、他の居場所をはしごして求めたり、親がまだ帰らぬ自宅でひとりもしくはきょうだいのみで過ごしたりすることになるだろう。

収まらないニーズ

確かに本来であれば、これらの時間は子どもにとって、夕食をとるために帰宅する時間であるといえるのかもしれない。食後の片付けの手伝いや団欒、あるいは宿題の時間や入浴を経て、次の日に備えて就寝する、という生活は理想的であるだろう。しかし、こうした理想的な家庭でのケアが十分に機能しないため、日常生活に支障を来たしている子どもがいるとして、その子どもたちが何らかのサポートを求めているとするならば、そのニーズは家族以外の誰かによって満たされなければならない。家族という親密圏における親密性に基づいたケアは、「強い家族」（大江　二〇一四：二四）のもとで成立する家族内相互扶助であったが、共働きやひとり親家庭の増加などにより、家族による自助や相互扶助が機能しにくい場合は、それに代わるサポートが必要となるだろう。親の帰りが遅くなり、一人で夕食を食べる子どもや、夕食の支度に十分な時間がかけられない家庭の親子のために、地域の大人が無料または定額で食事を提供するこども食堂は、こうしたニーズを吸収する新しい居場所といえる。

⑵地域の大人が応える――市民的相互圏の構想から――

こども食堂では、ある子どもがもつ「誰かとご飯を食べたい」というニーズは、地域における特定の誰かによって直接満たされるのではなく、複数の人々によって持ち寄られたモノやサービスの調整によって満たされることになる。こども食堂が自ら調達する食材に加え、地域の誰かが折々提供してくれる米や旬の野菜などを使って、ボランティア・ベースで集まる地域の誰かが美味しい食事を調理する、という一連の事業には、様々な人々が関わっている。それらの人々は互いによく知り合っている者同士のこともあれば、Aさんという人物を通してBさんとCさんがゆるやかにつながっているだけということもあるだろう。そして、そこでBさんの子どもが、自分にとっては面識のないCさんが持ち寄ってくれた食材で調理された食事を摂るという具合である。このような「第三者性」によってニーズを満たす仕組みづくりが、子どもの居場所を持続可能なものとするために求められている。こうした試みを概念化したものが「市民的相互圏」（大江二〇一四：二五）と呼ばれるものである。市民的相互圏は、親密圏では満たせない家族的ケアのニーズを吸収することのできる領域として期待が寄せられるものであろう。

4　代表理事・須田洋平による地域づくりのはじまり

(1)ボランティアの経験が創る新しいネットワーク

鶴見区内におけるNPO法人の立ち上げによる子どもの居場所づくりを支援する仕組みづくりが具体的に動き出したのは二〇一六年の夏のことであった。後に代表理事となる須田洋平氏(以下、敬称略)による鶴見区内での本格的なプロジェクトの始まりである。須田は、これまでも鶴見区を中心として地域福祉活動に従事してきた三〇代[2]の若いソーシャルワーカーで、それまで勤務していたNPO法人を二〇一六年一月に退職し、鶴見区における子どもの居場所づくりのための取組みを始めたのである。

須田が福祉の仕事を初めて意識したのは高校三年のときであった。高齢者を対象とするデイサービスにボランティアとして参加したことがきっかけとなり、大学時代は、障がいのある子どもの居場所づくりや余暇支援にかかわりながら社会福祉学を学んだのである。そのころ設立された地域活動ホームにアルバイトとして採用され、障がい児のための夏休みのキャンプを企画したり、社会福祉協議会(以下、「社協」と称する)でのボランティア活動をしたりと、積極的な地域福祉活動を行っていた須田は、「社協ならやりたいことができるかもしれない」という希望を抱き、大学卒業後の二〇〇五年四月に横浜市社会福祉協議会へと就職することになる。

⑵住民とつながり生まれるプロジェクト

子ども同士が時間を越えて支え合う仕組みづくり

入職から三年間は、老人福祉センターで指定管理者指定のための申請書等の作成や、福祉保健研修交流センターでケアマネージャーの実務研修事業や福祉従業者のスキルアップ研修事業などに従事していたが、四年目に鶴見区の寺尾センター（横浜市寺尾地区センター・老人福祉センター横浜市鶴見鶴寿荘）に指導員として配属され地区センター事業担当となったことが転機となる。地域住民とかかわるポジションを得た須田は、ここで地域づくりのための仕組みを次々と打ち出していくことになる。

まずはじめたのは、小学生を対象とするキャンプ活動であった。須田は、こうした野外での活動の経験を、子どもが幼少期に得ることの重要性を強調している。野外体験や団体行動を通じて社会のルールや公共でのマナーを学ぶ「生活体験」の提供である。また、小学生のためのこのキャンプ体験には中学生が世話人として参加する仕組みをつくり、それにより「地域人材育成」を狙ったのである。現在「世話をされている」小学生は数年後には「世話をする」中学生となるだろう。そのとき「世話をしていた」中学生も数年後には地域を支える大人となるだろう。このキャンプには、時間を越えたひろがりをもつ相互性が仕込まれていたといえる。「地区センターは公共施設として、地域活動の要となり、地域人材育成の役割を担うポテンシャルがある」という須田の考えがここにあらわれている。

地域に保護者がつながる

次なる須田による仕掛けは、チアダンスチームづくりである。この少し前にテレビをきっかけにして子どもたちの間で流行ったチアダンスを、幼稚園と小学校に通う女児を中心に行うというものである。実のところ、この事業の狙いは、ダンスをきっかけに集まる子どもの保護者を地域社会へ包摂することにあった。つまり、それまで実施していたキャンプ活動は子どもだけのものであり、保護者が伴うことはないが、園児や児童を対象としたチアダンスであれば、地区センターへの送迎の際に必ず保護者に会うことができる。もしくは、子どもたちのダンスの練習中にも、保護者たちは付き添いや見学のためにそこに留まるので、自然と地区センターが保護者同士の交流の場となるというわけである。チアガールとなった子どもたちは最盛期には約八〇人にのぼり、家族数にして約七〇がそれに参加したというが、この活動によって地域社会との接点をもった七〇家族の親たち(父や母など)の一部は、その後、自治会・町内会の活動などに携わるようになる。自治会・町内会の役員から「若い世代に来て欲しい」とかねてより相談を受けていた須田のアレンジが功を奏したのである。さらには、華やかな子どものチアダンスを自治会・町内会の運動会で披露することで、子どもにも、保護者にも、自治会・町内会にも喜んでもらえるようにしながら、地域づくりを行っていった。

共同作業が生むつながりと協働

さらに須田は、地域の情報発信に熱心に取り組むようになる。自治会・町内会や地域の役員の求めに応じてチラシづくりや通知づくりのノウハウを提供したり、地域の情報を集める仕組みを「地域情報局」として作り、その中に地域新聞発行のための編集委員会を組織するなどのプラットフォーム整備を行い、地域社会における多様な人々による協働のための下地づくりを行っていった。他にも、「子育て支援会議」と協働し、子ども服交換会や、子どもも参加できる餅つき、地区センター内でのプールの実施、幼稚園ガイダンスなど、今も続く事業を企画しスタートさせた。地域社会にある潜在的ニーズを満たすために、公共施設が、場所やモノ、情報などをそのニーズに合わせて提供することの実践である。また、地域新聞から派生した重要なプロジェクトのひとつに、「つるみままっぷ」がある。子育て中の母親の目線で地図を作るというもので、寺尾エリアの母親が中心となって、子育て情報を盛り込んだマップを作成し、区内の地域ケアプラザなどで配布されている。この「つるみままっぷ」の編集に際しても、地区センターが作業スペースとして使われ、地域の母親たちは地区センターが貸し出し用に準備したパソコンやアプリケーションを活用しながら持ち寄った情報を加工し、その作業を通してつながりを深めていった。

地域住民による公共施設の価値への気付き

寺尾地区センターでのこれらの取組みは三年にわたるものであったが、ここで成し遂げられたことは、イベントの実施という実績のほか、地域における地区センターの認知であったと須田は振り返っている。場としての地区センターに人々が訪れ、協働することによって、「自分たちの地区センター」という意識をもってもらうことができたといえるだろう。これはつまり、公共施設の価値への気付きが促されたということであり、行政が追加で予算措置をすることなく、現状の指定管理料の中で工夫をすることでヒト・モノ・カネを生み出し、地域を活性化することができた事例である。

(3)困難を抱える家庭で暮らす子どもの支援を行うＮＰＯとの出会い

「子どもの貧困」という大きな衝撃

二〇一一年三月に、本部への異動を命じられた須田[3]は、その後ほどなくして社協を退職することとなる。後の勤務先となったのは、経済的困窮などの困難を抱える家庭のもとで暮らす子どもたちの支援を行うＮＰＯ法人である。これまで鶴見区内の子どもたちに関わってきた須田にとって、「子どもの貧困」というテーマが存在するということは大きな衝撃であったという。それまで、地域福祉の専門家として横浜市の地域保健福祉計画・鶴見区の地域福祉活動計画に関わりながらも、そこには「子どもの貧困」といったテーマへの言及はなく、それは見過ごされてきた課題であることに気付いたのである。この法人では、横浜市による「寄り添い型学習等支援事業」の委託を受けることが決まったタイミングで、施設長として須田にその事業の実施を任せることとした。子どもたちが家庭的な雰囲気を体験できるよう、学習・生活支援は住宅地の中の一軒家を借りて行われた。一般の賃貸物件を利用するもので、施設の開所に先立って、法人の理事長とともに不動産探しを行ったものである。

子ども一人ひとりと向き合う

この施設を利用する子どもたちの特徴は多様で、それらの特徴は相互に関連しあっている。不登校、もしくは学校には行くものの教室での勉強の進度についていけない、また、学習する意欲に欠けている、家庭でのケアが行き届かない、または親からの育児放棄が疑われる子どももいる。例えば、着替えや歯磨き、入浴が習慣付けられていないことはそのサインとなることがある。さらに、言葉遣いが乱暴であったり、そのボキャブラリーが乏しいこと、また、かまって欲しいというアピールのために大人を困らせたり、衝動的なことがあるという特徴も窺える。これらの子どもが円滑な学校生活を送れるよう、また、生きる力を身につけることができるよう、家庭にかわって、生活に必要な家事スキルを教え、また、仕事に就くということに対する意識付けや、コミュニケーションスキルの向上をめざして支援を行った。

地域との関わりの変化

施設を構えての支援事業は、はじめから地域コミュニティに受け入れられていたわけではない。開所の前には事業説明会を開催するなどして、地域住民との話し合いの機会をもったが、反対の声も上がり、須田は個別説明に向かうこともあったという。しかし、地域のなかで子どもの支援を続けるうちに、近隣の公園にある花壇の水遣りを子どもの「役割」として手伝わせてもらうことができるようになるなど、変化が生じてきたことも事実である。

(4)イシューレイズとサードプレイスを支え合う仲間

イシューレイズ

施設での勤務に加え、須田がこのころから熱心に取り組み始めたのは、子どもの貧困という課題の社会的認知を高めるためのイシューレイズである。地域や大学での講演や、ＳＮＳを利用した啓発活動や仲間づくりをしながら、自らが子どもの貧困に向き合うためにすべきことを考えていったのである。その後、二〇一六年のはじめにこのＮＰＯを退職した須田が、鶴見の住民を中心とするメンバーと設立したのがサードプレイスである。

サードプレイスに集まった支え合う仲間

サードプレイスのメンバーは多彩であるが、須田のこれまでの鶴見での地域活動で出会ってきた人材を中心としたネットワークが活きている。

①子育てをする母親たち

この事例でも構成員として目立つのは、兼業・専業にかかわらず、地域で子育てをする主婦の参加である。須田が地区センター時代にかかわった、地域子育て支援会議の代表として活躍する兼子潤子氏、また、同様に地区センターへパート勤務していた川杉静乃氏も、後に保護司となりサードプレイスに関わることになる。さらに外国人の支援にかかわる仕事をもつ福徳未来氏も、鶴見で子育てをしながら働く母親である。

②同世代の男性や学齢期の子どもを育てる父親たち

一方、サードプレイスでは須田と同世代の男性や学齢期の子どもを育てる父親たちの参画も特徴的である。鶴見を盛り上げたいという熱意をもった彼らは、定期的に意見交換を行っていたが、そのメンバーの多くがサードプレイス

写真１　サードプレイスのメンバー（須田洋平氏提供）

のメンバーとなっている。溝呂木俊介氏は薬局に勤務する薬剤師で、職場で「薬剤師体験」イベントを実施するなど、子どもの体験の場づくりを積極的に進めてきた人物である。また、不動産会社に務める飯山聡寛氏は、自身の仕事でかかわるマンションのコミュニティづくりを進めてきた働き盛りの父親であり、さらに、商店街に店舗をもつ主任児童委員の中西英一氏は自身の子育てと地域における役割を通して、子どもたちの居場所づくりの必要性を感じている。

③介護事業者、ボランティア…

それに加え、駒岡地区で介護事業所を経営する石田輝樹・美佑貴夫妻である。夫妻は、こども食堂の取組みを始めたことから、須田の強力なパートナーとなる。また、地域の大学生として参加する清水浩太郎氏は、須田が前職で子どもの学習・生活支援を行っていた際に、ボランティアとして参加し、子どものサポートを行っていた人物である。

⑸サード・パーティーとしての関わり

鶴見区の活動に集中的に取り組んできた須田であるが、彼自身は鶴見区内には居住していない[4]。つまり、「よそ者」、あるいは「第三者」として鶴見のコミュニティにかかわることを敢えて心がけており、その意味で、須田は「当事者」ではない。むしろ、当事者にはならずに地域のデザインを考えることを目指している。当事者では言いにくいことも、第三者であれば客観的に指摘することができ、また、「仕事」としてかかわるとなれば、嫌なことであっても言うことができる。第三者であることによって、議員との関係づくりについても、必要以上に政治性への配慮にとらわれることなく、客観的に意見交換を行うことができる。地域を変革しようとする際には、こうした第三者が触媒として求められることが多くあるだろう。「サード」には、第一の家庭、第二の学校（大人にとっては職場）に対する「第三の」場所という意味に加えて、「第三者」性（サード・パーティー）という重要な意味がある。もちろん、第三者であること（区内や当該地域に居住していないこと）のデメリットもあるだろう。しかし、当事者でなければわからないこと、当事者でなければ言いにくいことは、当事者であるサードプレイスのメンバーたちに頼ることができるから問題ないと須田は考えている。それでなければ、活動を組織化した意味はないのである。

5　サードプレイスのこれから

二〇一七年四月二一日には設立記念事業として、シンポジウムが開催された。このシンポジウムには、自治会・町内会役員をはじめ、鶴見区内で子どもの支援に関わる関係者を中心に六〇名を越える参加者が集まり、子どもの居場所づくりの重要性について考えるとともに、既にその実践が鶴見区内

写真2　サードプレイス設立記念シンポジウムの様子（須田洋平氏提供）

の各所で取り組まれ始め、しかしまだ十分には居場所がないという事実を共有したといえるだろう。

(1)ネットワークを活かした共鳴し合う事業づくり

可能性を広げるコラボレーション

サードプレイスの事業計画のうち、子どもの発達を支援する事業としては大きく四つがあげられる。(1)子どもの居場所づくり、(2)講演・啓発事業、(3)子どもの体感・体験・学習イベント、(4)中間支援機能、である。このうち、特に(1)子どもの居場所づくりについては、独立行政法人福祉医療機構の社会福祉振興助成事業（WAM助成）に採択されたことにより、既存の公共施設（地区センター）を利用したモデル事業としての子どもの居場所づくりが行われている。また、子育てをする親と子ども、若者の居場所をつくるため、「ヨコハマ市民まち普請事業」にも提案を行っている。これらの取り組みに加え、鶴見区内でこども食堂や学習支援を実施する団体の支援も、サードプレイスの基本的な事業である。鶴見区内には、サードプレイス理事の石田氏が取り組む「こどもひーちゃん食堂」と、駒岡地区センターで実施されている「駒岡丘の上こども食堂」、他にも飲食店が実施するこども食堂があり、その活動への参加などを通して支援を行うものである。新たにこども食堂を立ち上げたい、子どもの居場所づくりに取り組みたいという相談も多く寄せられており、アドバイザーとしての中間支援的な役割も求められている。

コミュニティに働きかけるファンドレイズの仕組みづくり

法人としての経営基盤を確立し、その安定をはかるために、サードプレイスが目指しているのは、更なる補助金・助成金等の獲得と行政からの委託事業等の受託である。しかし、これらの補助や委託事業は収入として永続的なものでなく、法人経営という観点からは、自ら資金を集め、創り出していかなければならない。須田は、子どもの居場所という、既存の行政サービスの体系からは創り出し難いサービスを実現するためには、自らが市民社会に働きかけ、ファンドレイズしなければならないと考えており、このことが、彼が自分自身を「ソーシャルワーカー」と名乗る所以である。子どもの貧困や居場所の少なさという社会問題についてコミュニティに働きかけ、人々の共感を生み出し、支援のための活動費を調達する仕組みづくりも、サードプレイスが果たすべき重要な役割である。寄付の文化作りはその取り組みのひとつで、サードプレイスでは、「寄付金つき名刺」の作成を通じて、寄付つき商品を開発し、寄付に協力してくれる企業とのマッチングや、寄付先の選定について検討を始めたところである。また、鶴見大学のボランティアサークルに所属する学生による「つるみどりプロジェクト」も、須田が学生たちと進めてきた取り組みで、二〇一八年度には四年目を迎えている。これは、筆記用具メーカーと、区内の文房・事務用品専門店の協力を得て、寄付金つきのオリジナルデザインによるボールペンを販売するというもので、例えば二〇一六年度は一本二〇〇円で販売され、五〇〇本を売り切り、そのうち約五〇円／一本が外国につながりのある子どもたちの支援に寄付された。

(2)「インフォーマルな公共生活」を創り出そう

子どもの居場所とは、単なる遊び場であってもいいし、皆で集まって宿題をするような学習支援の場であってもいいだろう。また、例えば不登校の子どものためのフリースペースや、日本での地域生活になかなかなじむことのできない外国にルーツをもつ子どもの居場所や、親の仕事などのために、家庭で栄養価の高い食事を摂る機会に乏しいこどもたちのためのこども食堂も十分に必要である。つまり、その目的は多様である。これらの居場所は、もちろん目的別に個別の場として存在することにより、子どもの発達を効果的にサポートするものとなるだろう。しかし、一方で、また同時に、特段の目的がなくともふらりと立ち寄り居心地よく過ごせる(名和田 二〇二一:四)〝サードプレイス〟も、私たちの日常生活圏には必要ではないだろうか。仮に複数の居場所が準備されていたとしても、子ども自身がそこから自分の居場所を選び取ることが困難な場合も多い。例えば、自らの日常生活圏にある居場所が学習支援を行うという目的を掲げていると、勉強を厭う子どもはその場には姿を現さないだろう。アメリカの都市社会学者であるオルデンバーグは、その著書『サードプレイス』において、「コミュニティに暮らす善良な市民が、特別な、あるいは明確な目的もなしにみんなで楽しい時を過ごせるような場所を見出すとき、そのような交流には、じつは目的がある」(一九八九、一九九七:ix=二〇一三:五—六、傍点原著)と述べる。特定の目的をもたずに子どもたちが集まるように見えるときも、そこで楽しい時間を過ごしている限り、一人ひとりにとってのその居場所は多機能で多目的なものとなるだろう。

子どもが安心して過ごすことのできる居場所は、大人にとっても居心地のよい場所となるはずである。しかし、残念なことに、両者を共にリラックスさせ、楽しませるという〝サードプレイス〟の機能は最も崇高なものであるにもかかわらず、いまやほとんど失われてしまったとオルデンバーグは述べている(一九八九、一九九七:xix-xx=二〇一三:二二)。子どもと大人を包摂するこの居場所の再構築は、既存のつながりの再生や強化に頼るだけでは達成できない「市民的相互圏」(大江 二〇一四:二五)の創造であることは既に述べたが、こうした「インフォーマルな公共生活」(オルデンバーグ 一九八九=二〇一三)へ足を踏み入れ、自らがそれを楽しみ、他者に受け入れられるという実感を得ることが、私たちには必要なのだろう。

注

1 もちろん、鶴見区内の私立学校や各種学校に通学する子どもや、鶴見区外の公立・私立学校に通学する子どもも、サードプレイスによる支援の対象として排除されるわけではない。

2 石井による序章の世代区分に従うと、須田は「平成不況」の折に多感な中等教育期を過ごし、「豊かさや幸福に対する価値観の転換」（石井　序論二四頁）を経験した第三世代の世界を生きる、新しい時代のリーダーであるといえる。

3 異動に反対する署名活動を行いたいという申し出が地域住民から起こったほど、須田の異動は惜しまれていた。

4 もっとも、須田は鶴見区内に居住したことはないが、母の実家が鶴見区にあったため、幼少期から青年期にかけても休暇の際には祖父母を訪ねて鶴見区で過ごすことも多かったという。

参考文献

大江守之（二〇一四）「小家族都市における共同性の再構築」ハイライフ研究、一六号、二〇—六頁

オルデンバーグ、レイ（二〇一三）『サードプレイス：コミュニティの核になる「とびきり居心地よい場所」』忠平美幸訳、みすず書房（Oldenburg, Ray, 1989, 1997, *The Great Good Place: Cafes, Coffee Shops, Community Centers, Beauty Parlors, General Stores, Bars, Hangouts and How They Get You through the Day*, NY: Marlowe & Company）

名和田是彦（二〇一二）「新しい「公共の場」を再建する試み—コミュニティカフェで地域の輪を広げる—」地域づくり、一二月号、四—七頁

横浜市こども青年局企画調整課（二〇一六）「横浜市子どもの貧困対策に関する計画（平成二八年度〜平成三一年度）」

おわりに

「中間支援組織化する」というキーワードを中心に据え、四つの事例から地域自治を支える中間支援とは何かを捉えてきた。そこに共通するのは、新しい現実を手に入れるために、ニーズをもつ当事者が中心となり集まることであった。そして、現場での経験、ネットワークにより備わる市民的な専門性を活かし、他の団体の支援や協働をコーディネートするというものであった。また、4章では、これに加え専門職などの集うサードパーティの関わりの重要性も指摘した。

「市民活動団体」は一九九八年のNPO法(特定非営利活動促進法)施行以降確実に増えてきた。本書が着目した「市民活動団体が中間支援組織化する」という点からみても、市民活動団体が増えれば、結果として中間支援組織は増えると捉えることもできる。実態はどうだろうか。市民活動団体に対する批判としてしばしば言われるように、一部の市民しか関わることできない、参加しづらい団体になってしまっていないだろうか。いつもの同じメンバーだけで議論が続くようでは新しい現実を構想することは不可能である。どんなに優れたリーダーがいようとも。

最後に、新たな中間支援組織化の動きから、今後の地域自治の要点を考えてみたい。

横浜コミュニティカフェネットワークとリビングラボのネットワークがある。コミュニティカフェは二〇〇〇年代からカフェ機能を持つ地域の交流拠点として全国に広がりを見せている。いわゆるサードプレイスとして、誰もが気軽に立ち寄ることができる。また、そこで知り合った人と仲間になり、趣味活動や地域のイベントを企画するなど、新しい活動を生み出すこともある。もう一つ、リビングラボは、北欧で広がったもので、二〇一〇年代以降に日本でも聞くようになった。企業が主導し、地域住民、行政とともにより良い暮らしの実現に向けて必要なサービスを、地域の特性合わせた社会実験を行いながら、創り出していく活動や場を指している。両者のネットワークは、次にあげる少なくとも三つの機能を生み出し、支える役割を担っているのではないだろうか。

一つは生活者という立場で誰もが参加できること、つまり一部の特権化した市民のためではない場や活動になっていることである。次に企業や行政など、マルチセクターであり、これまでのお互いの関係性を問い、それぞれがもつ強みを無理なく発揮しようとしている。そして小さなアクティビティを作り出したり、社会実験を支えたりするコーディネート機能を有していることである。

私たちは、新しい地域自治を構想する上で、既存のまちづくり組織に収まらないニーズがあることを自覚する必要がある。次の時代に向けて大事なことは、それを地域で暮らす生活者が捉え、これまでにない関係性をつくり出すことを大切にしながら、アイデアやサービスを創り出していく、そうした実践を積み重ねていくことを支える機能を中間支援組織はもつ必要があるのではないだろうか。

石井大一朗

執筆者紹介

吉原明香（1章）

認定NPO法人市民セクターよこはま理事・事務局長 横浜市市民協働推進センター統括責任者（2020年4月～） 厳しい中にあってもつながることで現状を拓いていく市民活動のチカラを信じている。

山田美智子（2章）

NPO法人はぐっと 理事長 西区地域子育て支援拠点スマイル・ポート 施設長 横浜市子ども・子育て会議委員 当事者、生活者視点の子育て支援活動を大切にしている。 区内で「チームにしまる」として、多様な人々の暮らしを応援するまちづくりを実践している。※2020年3月時点

澤岡詩野（3章）

（公財）ダイヤ高齢社会研究財団主任研究員 神奈川県かながわ人生100歳時代ネットワーク第三部会「地域とシニア」座長 専門は老年社会学 人間関係が希薄化するなかで、友人未満、知り合い以上のゆるやかなつながりに着目し、新たなコミュニティの在り方を研究している。

渕元初姫（4章）

法政大学大学院公共政策研究科特任教授。横浜市生まれ。英国エディンバラ大学大学院社会政治学研究科修士課程修了、法政大学大学院政治学研究科修了、博士（政治学）。社会福祉士。コミュニティ政策学会理事。横浜市のほか、スコットランドの地域コミュニティと市民福祉の研究に取り組む。

編著者紹介

石井大一朗（いしい　だいいちろう）

国立大学法人宇都宮大学地域デザイン科学部准教授。コミュニティ政策学会関東研究支部支部長。慶應義塾大学政策・メディア研究科博士課程修了。博士（政策・メディア）。建築設計事務所を経て、インド・中国を旅する。その後、中間支援NPOの理事兼事務局として15年間従事。2011年東日本大震災後は、岩手県大槌町などで復興支援事業に5年ほど関わる。2016年より現職。大学教員の傍ら、栃木県や横浜市を中心に新しいまちづくり組織の立ち上げ支援や、地域交流拠点づくりなどに取り組んでいる。一級建築士。専門社会調査士。

コミュニティ政策学会監修

まちづくりブックレット　3

横浜の市民活動と地域自治

2021年12月20日　　初　版第1刷発行

〔検印省略〕
定価は表紙に表示してあります。

編著者©石井大一朗　／発行者 下田勝司

印刷・製本／中央精版印刷

東京都文京区向丘1-20-6　　郵便振替 00110-6-37828
〒113-0023　TEL (03) 3818-5521　FAX (03) 3818-5514

発行所
株式会社 東信堂

Published by TOSHINDO PUBLISHING CO., LTD.
1-20-6, Mukougaoka, Bunkyo-ku, Tokyo, 113-0023, Japan
E-mail : tk203444@fsinet.or.jp　http://www.toshindo-pub.com

ISBN978-4-7989-1598-2 C0336

東信堂

まちづくりブックレット

1 自治会・町内会と都市内分権を考える　名和田是彦　一〇〇〇円

2 宮崎市地域自治区住民主体のまちづくり　宮崎市地域振興部地域コミュニティ課 地域まちづくり推進室　一〇〇〇円

3 横浜の市民活動と地域自治　石井大一朗編著　一〇〇〇円

4 地元コミュニティの水を飲もう—ポストコロナ時代のまちづくりの構想　鳥越皓之　一〇〇〇円

5 熟議するコミュニティ　伊藤雅春　一〇〇〇円

コミュニティ政策叢書

1 日本コミュニティ政策の検証—自治体内分権と地域自治へ向けて　山崎仁朗編著　四六〇〇円

2 高齢者退職後生活の質的創造—アメリカ地域コミュニティの事例　加藤泰子　三七〇〇円

3 原発災害と地元コミュニティ—福島県川内村奮闘記　鳥越皓之編著　三六〇〇円

4 自治体行政と地域コミュニティの関係性の変容と再構築—「平成大合併」は地域に何をもたらしたか　役重眞喜子　四二〇〇円

5 さまよえる大都市・大阪—「都心回帰」とコミュニティ　鯵坂学・徳田剛・西村雄郎・丸山真央編著　三八〇〇円

6 地域のガバナンスと自治—平等参加・伝統主義をめぐる宝塚市民活動の葛藤　田中義岳　三四〇〇円

7 地域自治の比較社会学—日本とドイツ　山崎仁朗　五四〇〇円

8 米国地域社会の特別目的下位自治体—生活基盤サービスの住民参加実際のガバナンス　前山総一郎　三六〇〇円

9 住民自治と地域共同管理　中田実　三四〇〇円

10 自治体内分権と協議会—革新自治体・平成の大合併・コミュニティガバナンス　三浦哲司　三二〇〇円

〒113-0023　東京都文京区向丘 1-20-6　TEL 03-3818-5521　FAX03-3818-5514　振替 00110-6-37828
Email tk203444@fsinet.or.jp　URL:http://www.toshindo-pub.com/

※定価：表示価格（本体）＋税